मैरी बफ़ेट अंतरराष्ट्रीय स्तर पर बेस्टसेलिंग लेखिका हैं। उन्हें वॉरेन बफ़ेट की निवेश पद्धतियों को प्रभावशाली ढंग से प्रस्तुत करने वाली प्रखर वक्ता के तौर पर ख्याति प्राप्त है। उन्होंने यह अनूठी अंतर्दृष्टि वॉरेन के बेटे पीटर के साथ बारह साल तक चले वैवाहिक संबंध के दौरान हासिल की।

डेविड क्लार्क बफ़ेटोलॉजी विषय पर अंतरराष्ट्रीय स्तर पर मान्यता प्राप्त विशेषज्ञ हैं। वह ओमाहा, नेब्रास्का में एक निजी निवेश समूह के प्रबंध भागीदार हैं।

दोनों लेखकों की द *ताओ ऑफ़ वॉरेन बफ़ेट*, द *न्यू बफ़ेटोलॉजी*, द *बफ़ेटोलॉजी वर्कबुक* और *बफ़ेटोलॉजी* आदि कृतियाँ दुनियाभर में सत्रह से अधिक विभिन्न भाषाओं में प्रकाशित हो चुकी हैं।

लेखकों से उनके ईमेल पर संपर्क किया जा सकता है :
Marybuffettology@gmail.com और
Davidbuffettology@gmail.com

वॉरेन बफ़ेट

और

फ़ाइनैंशियल स्टेटमेंट्स

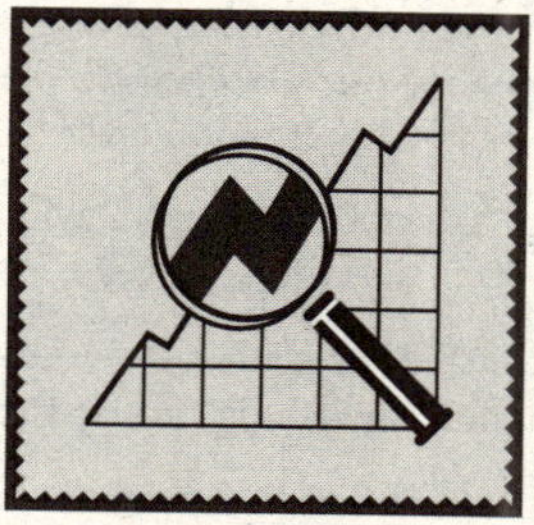

स्थायी प्रतिस्पर्धी लाभ वाली
कंपनी की खोज

मैरी बफ़ेट और **डेविड क्लार्क**

अनुवाद : डॉ. सुधीर दीक्षित

MANJUL

मंजुल पब्लिशिंग हाउस

First published in India by

MANJUL

Manjul Publishing House

Corporate and Editorial Office

•2nd Floor, Usha Preet Complex, 42 Malviya Nagar, Bhopal 462 003 – India

Sales and Marketing Office

•C-16, Sector 3, Noida, Uttar Pradesh 201301 – India

Website: www.manjulindia.com

Distribution Centres

Ahmedabad, Bengaluru, Kochi, Kolkata, Chennai,
Hyderabad, Mumbai, New Delhi, Pune

Hindi translation of
Warren Buffett and the Interpretation of Financial Statements
by Mary Buffett and David Clark

This Hindi edition first published in 2025

ISBN 978-93-5543-765-5

Translated by: Dr. Sudhir Dixit

Printed and bound in India by Gopsons Papers Pvt. Ltd.

पैटी हैंसन क्लार्क की प्रेमपूर्ण स्मृति में

ओमाहा में फ़ीनिक्स अकैडमी ऑफ़ लर्निंग की संस्थापक,
जहाँ शिक्षण दिव्यांगताओं वाले दो हज़ार से अधिक बच्चों
ने पढ़ना सीखा।

अनुक्रम

इनकम स्टेटमेंट

बैलेंस शीट

कैशफ़्लो स्टेटमेंट

स्थायी प्रतिस्पर्धी लाभ वाली कंपनी का मूल्यांकन करना

प्रस्तावना

1981 से 1993 तक बारह वर्षों तक मैं वॉरेन बफ़ेट की पुत्रवधू थी, जो संसार के सबसे सफल निवेशक रहे हैं और अब इसके सबसे बड़े परोपकारी बन चुके हैं।

वॉरेन के बेटे पीटर से मेरी शादी के कुछ समय बाद मैं ओमाहा में उनके पारिवारिक घर गई, हालाँकि तब तक वॉल स्ट्रीट के बाहर के ज़्यादातर लोगों ने वॉरेन का नाम तक नहीं सुना था। वहाँ पर मुझे महान निवेशक वॉरेन बफ़ेट के प्रति समर्पित विद्यार्थियों का एक छोटा समूह मिला, जो उनकी बुद्धिमत्ता से प्रभावित होकर ख़ुद को बफ़ेटोलॉजिस्ट कहता था। डेविड क्लार्क सबसे सफल बफ़ेटोलॉजिस्ट्स में से एक थे, जिन्होंने निवेश पर वॉरेन की बुद्धिमत्ता से भरी सटीक नोटबुक्स रखी थीं, जिन्हें पढ़ना बेहद मनमोहक था। उनकी इन नोटबुक्स की बुनियाद पर ही उन्होंने और मैंने मिलकर बाद में निवेश संबंधी कई अंतरराष्ट्रीय बेस्टसेलिंग पुस्तकें लिखीं : द *ताओ ऑफ़* वॉरेन *बफ़ेट*, *बफ़ेटोलॉजी*, द *बफ़ेटोलॉजी वर्कबुक*, और द *न्यू बफ़ेटोलॉजी*, जो अब सत्रह भाषाओं में प्रकाशित हो चुकी हैं, जिनमें हिब्रू, अरबी, चीनी और रूसी शामिल हैं।

द *ताओ ऑफ़* वॉरेन *बफ़ेट* की ज़बरदस्त सफलता के बाद मैं 2007 में बर्कशायर हैथवे की एन्युअल मीटिंग के दौरान ओमाहा में डेविड से मिली। लंच पर हम निवेश विश्लेषण के इतिहास पर बातचीत करने लगे। डेविड ने उल्लेख किया कि उन्नीसवीं सदी के अंत और बीसवीं सदी के प्रारंभ का निवेश विश्लेषण मुख्यत: बॉन्ड विश्लेषण के उद्देश्य से कंपनी की सॉल्वेंसी (ऋण चुकाने की क्षमता) और आय कमाने की शक्ति तय करने

पर केंद्रित था। वॉल स्ट्रीट के डीन और वॉरेन के गुरु बेंजामिन ग्राहम ने बॉन्ड विश्लेषण की प्रारंभिक तकनीकों को सामान्य शेयरों के अनुरूप ढाला।

लेकिन ग्राहम हर कंपनी को एक ही निगाह से देखते थे। जिस कंपनी के पास इसके प्रतिस्पर्धियों की तुलना में दीर्घकालीन प्रतिस्पर्धी लाभ था, वह भी उनके लिए वैसी ही थी, जैसी प्रतिस्पर्धी लाभ के अभाव वाली कंपनी थी। उनकी रुचि तो केवल इस बात में थी कि जिस आर्थिक संकट ने शेयर के भाव को रसातल में भेजा था, कंपनी के पास उससे बाहर निकलने के लिए पर्याप्त आमदनी की शक्ति थी या नहीं। उनकी रुचि ऐसी कंपनी के शेयरों को दस-बीस साल तक रोककर रखने में नहीं थी। अगर शेयर का भाव दो साल में नहीं बढ़ता था, तो वह उससे बाहर निकल जाते थे। ऐसा नहीं है कि ग्राहम नाव चूक गए। वह तो बस उस नाव पर सवार नहीं हुए, जो उन्हें वॉरेन की तरह संसार का सबसे अमीर आदमी बना देती।

दूसरी तरफ़, वॉरेन का करियर बेंजामिन ग्राहम के साथ शुरू हुआ, लेकिन वह उनसे एक क़दम आगे गए। वॉरेन ने उस कंपनी के ज़बरदस्त दौलत-सृजन के अर्थशास्त्र को खोजा, जिसके पास उसके प्रतिस्पर्धियों की तुलना में दीर्घकालीन प्रतिस्पर्धी लाभ था। वॉरेन को अहसास हुआ कि आप इन शानदार कंपनियों को जितनी ज़्यादा देर तक रोककर रखेंगे, आप उतने ही ज़्यादा अमीर बन सकते हैं, हालाँकि ग्राहम यह तर्क देते थे कि इन सर्वश्रेष्ठ कंपनियों के शेयरों का भाव बहुत महँगा था, लेकिन वॉरेन ने अलग तरीक़े से सोचा। उन्हें अहसास हुआ कि इन कंपनियों के शेयर ख़रीदने के लिए उन्हें शेयर बाज़ार के बहुत ज़्यादा लुढ़कने और बारगेन प्राइस हासिल करने का इंतज़ार करने की ज़रूरत नहीं है। अगर ये वाज़िब दाम पर मिल रहे हैं, तो भी इन शेयरों की बदौलत वह बेहद अमीर बन सकते हैं।

इस तरह वॉरेन ने दीर्घकालीन प्रतिस्पर्धी लाभ वाली कंपनी के शेयर ख़रीदने के लाभों को देख लिया। इसके बाद, उन्होंने इस तरह की कंपनियों को पहचानने के लिए विश्लेषणात्मक टूल्स खोजे, हालाँकि उनकी जड़ें पुराने ग्राहम संप्रदाय की हैं, लेकिन वह चीज़ों को नए तरीक़े से देख रहे थे और तय कर रहे थे कि कंपनी अपनी वर्तमान समस्याओं से बच पाएगी या नहीं। वॉरेन के नए दृष्टिकोण की बदौलत उनका मुख्य उद्देश्य यह पता

लगाना था कि संबंधित कंपनी के पास कोई दीर्घकालीन प्रतिस्पर्धी लाभ है या नहीं, क्योंकि यही उन्हें लंबे समय में बेहद अमीर बनाएगा।

लंच के अंत में मैंने डेविड से पूछा कि क्या हम इस विषय पर पुस्तक लिख सकते हैं। मैंने पूछा कि वॉरेन ने इन बेहद लाभदायक व्यवसायों को खोजने के लिए जो टूल्स तैयार किए हैं, क्या हम उन्हें जनता तक पहुँचा सकते हैं, यानी क्या हम किसी कंपनी के फ़ाइनैंशियल स्टेटमेंट पढ़ने के लिए एक छोटी, आसान मार्गदर्शिका तैयार कर सकते हैं?

मैं एक ऐसी पुस्तक की कल्पना करने लगी, जो सरल भाषा में आसानी से निवेशकों को यह सिखा दे कि वे किसी कंपनी का फ़ाइनैंशियल स्टेटमेंट कैसे पढ़ सकते हैं और वॉरेन जैसी कंपनियों की तलाश कैसे कर सकते हैं। एक ऐसी पुस्तक, जो न सिर्फ़ यह स्पष्ट करे कि बैलेंस शीट और इनकम स्टेटममेंट क्या होते हैं, बल्कि यह भी बताए कि निवेशकों का ध्यान कहाँ केंद्रित होना चाहिए, अगर वे वॉरेन की तरह दीर्घकालीन प्रतिस्पर्धी लाभ वाली किसी कंपनी को खोजना चाहते हैं।

डेविड को यह विचार पसंद आया और एक महीने में ही हम इस पुस्तक के अध्यायों का आदान-प्रदान करने लगे, जो इस समय आपके हाथों में है।

हमें उम्मीद है कि यह पुस्तक उसी तरह लंबी छलाँग लगाने में आपकी मदद करेगी, जिस तरह इसने वॉरेन की मदद की थी। हम आशा करते हैं कि आप भी बेंजामिन ग्राहम के पुराने ज़माने के मूल्यांकन मॉडलों से आगे निकल जाएँगे। हम अपेक्षा करते हैं कि आप भी वॉरेन की तरह यह पहचान लेंगे कि जिस कंपनी के पास इसके प्रतिस्पर्धियों की तुलना में स्थायी प्रतिस्पर्धी लाभ है, उसमें ज़बरदस्त दौलत कमाने की दीर्घकालीन शक्ति है। इस प्रक्रिया में आप न सिर्फ़ वॉल स्ट्रीट की महँगी हेराफेरी से बच जाएँगे, बल्कि पूरे संसार के बुद्धिमान निवेशकों की बढ़ती क़तार में भी शामिल हो जाएँगे, जो इस दिग्गज और महान निवेशक के नक़्शेक़दम पर चलकर बेहद दौलतमंद बन रहे हैं।

– मैरी बफ़ेट

"आपको अकाउंटिंग को समझना होगा, आपको अकाउंटिंग की बारीकियों को समझना होगा। यह व्यवसाय की भाषा है और यह अपूर्ण भाषा है, लेकिन जब तक आप अकाउंटिंग सीखने की कोशिश करने के लिए तैयार न हों कि फ़ाइनैंशियल स्टेटमेंट को कैसे पढ़ा जाता है और इसकी व्याख्या कैसे की जाती है, तब तक आपको दरअसल, शेयर चुनने का काम ख़ुद नहीं करना चाहिए।"

– वॉरेन बफ़ेट

अध्याय 1

दो बड़े रहस्य, जिन्होंने वॉरेन को दुनिया का सबसे अमीर आदमी बनाया

1960 के दशक में वॉरेन ने बेंजामिन ग्राहम की निवेश रणनीतियों की दोबारा जाँच की। वह यह जानना चाहते थे कि किस तरह की कंपनियाँ सर्वश्रेष्ठ निवेश साबित होती हैं और लंबे समय में सबसे ज़्यादा पैसे कमाती हैं। अपने शोध और विश्लेषण में वॉरेन के सामने दो आश्चर्यजनक रहस्य उजागर हुए। इन रहस्यों को खोजने का सीधा परिणाम यह हुआ कि उन्होंने ग्राहम-आधारित वैल्यू इनवेस्टिंग रणनीति को बदल दिया, जिसका इस्तेमाल वह तब तक कर रहे थे। इन्हीं रहस्यों की बदौलत वह उस सबसे महान दौलत-निवेश रणनीति को बनाने में कामयाब हुए, जो संसार ने आज तक देखी है।

इस पुस्तक का उद्देश्य वॉरेन के दो महान रहस्यों को उजागर करने के साथ उनकी जाँच-पड़ताल करना भी है :

1. आप एक असाधारण कंपनी की पहचान कैसे करें, जिसके पास स्थायी प्रतिस्पर्धी लाभ हो?
2. आप स्थायी प्रतिस्पर्धी लाभ वाली कंपनी का मूल्य कैसे आँकें?

यह पुस्तक स्पष्ट करेगी कि उनकी यह अनूठी रणनीति कैसे काम करती है? यह पुस्तक बताएगी कि वह अपनी रणनीति को कारगर बनाने के लिए फ़ाइनैंशियल स्टेटमेंट्स का इस्तेमाल कैसे करते हैं। एक ऐसी आदत, जिसने उन्हें संसार का सबसे अमीर आदमी बना दिया है!

अध्याय 2

किस तरह की कंपनी वॉरेन को बेहद अमीर बनाती है?

वॉरेन के पहले महान रहस्य को समझने के लिए हमें वॉल स्ट्रीट और इसके बड़े खिलाड़ियों की प्रकृति को समझना होगा, हालाँकि वॉल स्ट्रीट कंपनियों को कई सेवाएँ प्रदान करती है, लेकिन पिछले 200 सालों से यह एक बड़े कैसिनो के रूप में भी काम कर रही है, जहाँ जुआरी स्पेक्यूलेटर्स के वेश में शेयर के भाव की दिशा पर भारी दाँव लगाते हैं।

शुरुआती दिनों में इनमें से कुछ जुआरियों को अपार दौलत और प्रसिद्धि मिली। वे जननायक बन गए, जिनके बारे में लोग वित्तीय प्रेस में पढ़ना पसंद करते थे। 'बिग डायमंड' जिम ब्रेडी और बर्नार्ड बरूच जैसे लोग उस युग के महान निवेशकों के रूप में बहुत लोकप्रिय हुए।

आधुनिक युग में स्थिति बदल गई है। अब पुराने युग के बड़े स्पेक्यूलेटर्स या सट्टेबाज़ उतने लोकप्रिय नहीं हैं। आज उनकी जगह म्युचुअल फ़ंड, हेज फ़ंड और निवेश ट्रस्टों जैसे संस्थागत निवेशकों ने ले ली है। संस्थागत निवेशक जनता को यह विचार 'बेचते' हैं कि वे शेयर चुनने में बेहद निपुण हैं। वे अपने वार्षिक परिणामों के विज्ञापन का दाना डालते हैं, ताकि फटाफट अमीर बनने के लिए उत्सुक अदूरदर्शी जनता उनके प्रलोभन के जाल में फँस जाए।

एक नियम को गाँठ बाँध लें, शेयरों के स्पेक्यूलेटर्स काफ़ी हड़बड़ी दिखाते हैं। वे अच्छी ख़बर पर ख़रीदते हैं और बुरी ख़बर पर बाहर कूद

जाते हैं। अगर शेयर का भाव कुछ महीनों में नहीं बढ़ता है, तो वे उसे बेच देते हैं और किसी दूसरे शेयर की तलाश करते हैं।

जुआरियों की इस नई पीढ़ी के सर्वश्रेष्ठ लोगों ने जटिल कंप्यूटर प्रोग्राम तैयार किए हैं। ये कंप्यूटर प्रोग्राम मूमेंटम मापते हैं कि किसी शेयर का भाव कितनी तेज़ी से ऊपर उठ रहा है या गिर रहा है। अगर किसी कंपनी के शेयर पर्याप्त तेज़ी से बढ़ रहे हैं, तो कंप्यूटर उसे ख़रीद लेता है। अगर शेयर का भाव पर्याप्त तेज़ी से गिर रहा है, तो कंप्यूटर उसे शॉर्टसेल कर देता है। इससे हज़ारों कंपनियों के शेयरों में बहुत कूदा-फाँदी होती है।

यह असामान्य नहीं है कि ये कंप्यूटर निवेशक एक दिन किसी शेयर के अंदर कूद जाएँ और फिर अगले ही दिन उससे बाहर छलाँग लगा दें। हेज फ़ंड मैनेजर इस तरह काम करके अपने ग्राहकों के लिए ढेर सारे पैसे कमा सकते हैं, लेकिन एक पेंच भी है : वे अपने ग्राहकों के ढेर सारे पैसे गँवा भी सकते हैं। और जब वे पैसे गँवा देते हैं, तो उनके ग्राहक (अगर उनके पास पैसे बचे हैं) उन्हें छोड़कर चले जाते हैं और किसी नए शेयर चुनने वाले को खोजते हैं, जो उनके लिए शेयर चुन सके।

वॉल स्ट्रीट बेहद लोकप्रिय और कम-लोकप्रिय शेयर चुनने वालों के उत्थान और पतन की कहानियों से भरी पड़ी है।

जुआरियों की तरह ख़रीदने-बेचने का यह उन्माद लंबे समय से चला आ रहा है। ख़रीदारी के महान सार्वकालिक उन्मादों में से एक दौर 1920 के दशक में आया, जिसने शेयर के भावों को आसमान में पहुँचा दिया, लेकिन इसके बाद 1929 में क्रैश आया, जिसने शेयर के भावों को पाताल में पहुँचा दिया।

1930 के दशक की शुरुआत में वॉल स्ट्रीट में एक उद्यमी युवा विश्लेषक बेंजामिन ग्राहम सक्रिय थे। उन्होंने इस बात पर ग़ौर किया कि वॉल स्ट्रीट के ज़्यादातर लोकप्रिय शेयर चुनने वालों को उन कंपनियों के दीर्घकालीन अर्थशास्त्र की क़तई परवाह नहीं थी, जिन्हें ख़रीदने-बेचने में वे व्यस्त थे। उन्हें तो बस इस बात की परवाह थी कि अल्प अवधि में शेयर के भाव बढ़ रहे थे या घट रहे थे।

ग्राहम ने यह भी देखा कि ये हॉटशॉट शेयर चुनने वाले अपने सट्टा उन्माद में बुरी तरह फँसे हुए थे। इसी कारण वे कई बार शेयर के भाव

बहुत मूर्खतापूर्ण स्तर तक ऊपर उठा देते थे, जो अंतर्निहित व्यवसाय की दीर्घकालीन आर्थिक वास्तविकताओं को देखते हुए हास्यास्पद था। ग्राहम को यह भी अहसास हुआ कि यही हॉटशॉट लोग कई बार शेयर के भावों को बहुत नीचे गिरा देते थे, जो उन व्यवसायों की दीर्घकालीन संभावनाओं के अनुरूप नहीं होते थे। पागलपन भरी गिरावट के दौर में ग्राहम को पैसे बनाने का ज़बरदस्त अवसर नज़र आया।

ग्राहम का तर्क यह था कि अगर वे इन 'ओवरसोल्ड कंपनियों' को उनके दीर्घकालीन आंतरिक मूल्य से कम भाव पर ख़रीद लें, तो अंततः बाज़ार अपनी ग़लती को सुधारेगा और उनका मूल्य ज़्यादा आँकने लगेगा, जिससे भाव बढ़ जाएँगे। ग्राहम ने सोचा कि भाव बढ़ने पर वह मुनाफ़े में अपने शेयर बेच सकते हैं। यही तर्क उस निवेश नीति का आधार है, जिसे हम आज वैल्यू इनवेस्टिंग के नाम से जानते हैं। बेंजामिन ग्राहम वैल्यू इनवेस्टिंग के जनक थे।

लेकिन हमें यह याद रखना चाहिए कि ग्राहम को सचमुच इस बात की परवाह नहीं थी कि वह किस तरह की कंपनी या व्यवसाय ख़रीद रहे थे। उनकी नज़र में हर कंपनी एक निश्चित भाव पर बारगेन या बेहतरीन सौदा होती थी। जब उन्होंने 1930 के दशक में वैल्यू इनवेस्टिंग का अभ्यास शुरू किया, तो वह ऐसी कंपनियाँ खोजने पर केंद्रित थे, जो उनके पास मौजूद नक़दी की तुलना में आधे भाव पर चल रही हों। उनके हिसाब से यह '50 सेंट में एक डॉलर ख़रीदने' जैसा था। उनके कुछ दूसरे नियम भी थे, जैसे कभी किसी कंपनी की आमदनी से दस गुने से ज़्यादा भाव पर न ख़रीदना और 50 प्रतिशत बढ़ने के बाद शेयरों को बेच देना। इसी तरह, अगर शेयर का भाव दो साल में नहीं बढ़ता था, तो वह उसे बेच देते थे। हाँ, उनका दृष्टिकोण वॉल स्ट्रीट के स्पेक्यूलेटर्स से थोड़ा ज़्यादा लंबा था, लेकिन सच कहें, तो उनकी इस बात में रत्ती भर भी दिलचस्पी नहीं थी कि कंपनी दस साल में कैसा प्रदर्शन करेगी।

वॉरेन ने 1950 के दशक में कोलंबिया विश्वविद्यालय में ग्राहम के अधीन वैल्यू इनवेस्टिंग के सबक़ सीखे, फिर ग्राहम के सेवानिवृत्त होने से ठीक पहले वह ग्राहम की वॉल स्ट्रीट फ़र्म में विश्लेषक के रूप में काम करने लगे। वहाँ वॉरेन ने मशहूर वैल्यू इनवेस्टर वाल्टर श्लॉस के साथ काम किया,

जिन्होंने युवा वॉरेन से हज़ारों कंपनियों के फ़ाइनैंशियल स्टेटमेंट पढ़वाए और उन्हें अंडरवैल्यूड कंपनियों को पहचानने की कला सिखाई।

ग्राहम के सेवानिवृत्त होने के बाद वॉरेन अपने मूल ओमाहा में लौट आए। यहाँ उनके पास वॉल स्ट्रीट की उन्मादी भीड़ से दूर रहकर ग्राहम की कार्यप्रणाली पर सोच-विचार करने का समय था। इस दौरान उन्हें अपने गुरु की सिखाई कुछ बातें परेशान करने लगीं।

पहली बात यह थी कि शेयर बाज़ार में ग्राहम की सभी अंडरवैल्यूड कंपनियों का भाव नहीं बढ़ता था, कुछ तो दिवालिया भी हो जाती थीं। विजेताओं के साथ-साथ कुछ पराजित शेयर भी होते थे, जिससे समग्र प्रदर्शन को काफ़ी नुक़सान होता था। ग्राहम ने इस परिस्थिति से अपनी रक्षा करने के लिए व्यापक रूप से डाइवर्सिफ़ाइड पोर्टफ़ोलियो बनाने पर ज़ोर दिया था। कई बार तो उनके पोर्टफ़ोलियो में सौ से भी ज़्यादा कंपनियाँ होती थीं। ग्राहम ने सुस्त शेयरों से छुटकारा पाने के लिए यह रणनीति बनाई थी कि अगर किसी शेयर का भाव दो साल में नहीं बढ़ता, तो वह उसे बेच देंगे, लेकिन हक़ीक़त तो यह थी कि उनके बहुत से 'अंडरवैल्यूड शेयर' अंत में भी अंडरवैल्यूड ही बने रहे।

वॉरेन ने पाया कि उन्होंने और ग्राहम ने जो मुट्ठी भर सफल कंपनियाँ ख़रीदी थीं और फिर ग्राहम के नियम के अनुसार 50 प्रतिशत मुनाफ़े पर बेच दी थीं, वे इसके बाद भी साल दर साल समृद्ध होती रहीं। यही नहीं, ग्राहम ने उन्हें जिस भाव पर बेचा था, आगे चलकर उनके भाव कई गुना हो गए। ऐसा लग रहा था, जैसे उन्होंने ईज़ी स्ट्रीट तक का ट्रेन टिकट लिया था, लेकिन वह ट्रेन के स्टेशन पर पहुँचने से बहुत पहले ही उतर गए थे, क्योंकि उन्हें पता ही नहीं था कि यह कहाँ जा रही थी।

वॉरेन ने निर्णय लिया कि वह इन 'सुपरस्टार्स' के व्यावसायिक अर्थशास्त्र के बारे में ज़्यादा सीख सकते हैं और अपने गुरु के प्रदर्शन को बेहतर बना सकते हैं। इसलिए उन्होंने इस दृष्टिकोण से इन कंपनियों के फ़ाइनैंशियल स्टेटमेंट्स का अध्ययन शुरू किया कि किस चीज़ के कारण उन्होंने इतना शानदार दीर्घकालीन परिणाम दिया और वे बेहतरीन दीर्घकालीन निवेश क्यों साबित हुईं।

वॉरेन ने यह सीखा कि इन सभी 'सुपरस्टार्स' के पास किसी तरह का प्रतिस्पर्धी लाभ था। उनके पास लगभग एकाधिकार जैसा अर्थशास्त्र था, जिससे वे या तो अपने प्रॉडक्ट्स ज़्यादा बेच सकती थीं या फिर अपने भाव बढ़ा सकती थीं। इसी कारण वे अपने प्रतिस्पर्धियों की तुलना में ज़्यादा पैसे कमाती थीं... बहुत ज़्यादा!

वॉरेन को यह भी एहसास हुआ कि अगर किसी कंपनी के पास प्रतिस्पर्धी लाभ है, जो लंबे समय तक क़ायम रह सकता है, यानी अगर यह 'स्थायी' है, तो उसका अंतर्निहित मूल्य साल दर साल बढ़ता जाएगा। वॉरेन ने सोचा कि जब व्यवसाय का अंतर्निहित मूल्य लगातार बढ़ता रहेगा, तो समझदारी इसी में है कि उस कंपनी के शेयर ज़्यादा से ज़्यादा समय तक रोककर रखे जाएँ, ताकि वह कंपनी के प्रतिस्पर्धी लाभ से ज़्यादा मुनाफ़ा कमा सकें।

वॉरेन ने इस बात पर भी ग़ौर किया कि वॉल स्ट्रीट – वैल्यू इनवेस्टर्स या स्पेक्यूलेटर्स या दोनों – भविष्य में किसी समय यह देख लेगी कि कंपनी का अंतर्निहित मूल्य बढ़ रहा है और इसके बाद यह कंपनी के शेयर के भाव को बढ़ा देगी। ऐसा लग रहा था, मानो कंपनी का स्थायी प्रतिस्पर्धी लाभ इन व्यावसायिक निवेशों की सफलता की स्पष्ट भविष्यवाणी कर रहा था।

कुछ और भी था, जो वॉरेन को वित्तीय दृष्टि से ज़्यादा जादुई लगा। चूँकि इन व्यवसायों के पक्ष में इतना अविश्वसनीय अर्थशास्त्र काम कर रहा था, इसलिए उनके दिवालिया होने की संभावना शून्य थी। इसका मतलब यह था कि वॉल स्ट्रीट के स्पेक्यूलेटर्स इन शेयरों का भाव जितना नीचे गिराएँगे, वॉरेन के लिए पैसा गँवाने का जोखिम उतना ही कम होगा। शेयर के कम भाव की वजह से मुनाफ़ा और ज़्यादा होगा। और वह इन शेयरों को जितने लंबे समय तक रोककर रखेंगे, इन व्यवसायों के बेहतरीन अंतर्निहित अर्थशास्त्र से उन्हें उतने ही लंबे समय तक मुनाफ़ा होगा, यानी जब शेयर बाज़ार अंततः इन कंपनियों के निरंतर प्रदर्शन को पहचानेगा, तो वॉरेन बेहद दौलतमंद बन सकते हैं।

यह सब वॉल स्ट्रीट की इस सूक्ति के विपरीत था कि अगर आप ज़्यादा मुनाफ़ा चाहते हैं, तो आपको ज़्यादा जोखिम लेना होगा। वॉरेन ने निवेश के क्षेत्र में अलादीन का चिराग़ खोज लिया था। उन्हें ऐसा निवेश मिल गया था, जहाँ जोखिम भी कम था और मुनाफ़े की संभावना भी ज़्यादा थी।

चीज़ें और ज़्यादा आसान बन गईं, जब वॉरेन को इस बात का अहसास हुआ कि उन्हें इन शेयरों को ख़रीदने के लिए बारगेन प्राइस का इंतज़ार करने की ज़रूरत नहीं थी। वह तो इन श्रेष्ठ कंपनियों के शेयर वाज़िब दाम पर ख़रीदकर भी अच्छा-ख़ासा मुनाफ़ा कमा सकते थे, बशर्ते वह निवेश को पर्याप्त लंबे समय तक रोककर रखें। यह बहुत ही स्वादिष्ट केक लग रहा था। और इसके साथ यह आइसिंग भी थी कि अगर वह निवेश को लंबे समय तक रोककर रखेंगे और कभी नहीं बेचेंगे, तो उन्हें इस पर कैपिटल गेन्स टैक्स भी नहीं देना पड़ेगा, यानी उनका निवेश हर साल करमुक्त चक्रवृद्धि होता रहेगा, जब तक वह इसे अपने पास रोककर रखेंगे।

आइए, एक उदाहरण देखते हैं : 1973 में वॉरेन ने द वॉशिंगटन पोस्ट कंपनी में 11 मिलियन डॉलर का निवेश किया। यह स्थायी प्रतिस्पर्धी लाभ वाला एक अख़बार था और वॉरेन के पास इसके शेयर आज तक हैं। पिछले पैंतीस साल से उन्होंने इस निवेश को रोककर रखा है और इसका मूल्य बढ़कर आज 1.4 अरब डॉलर हो चुका है। 11 मिलियन डॉलर का निवेश और 1.4 अरब डॉलर का वर्तमान मूल्य बहुत ही अच्छा प्रदर्शन! लेकिन सबसे अच्छी बात यह है कि चूँकि वॉरेन ने इसका एक भी शेयर नहीं बेचा, इसलिए उन्हें मुनाफ़े पर एक भी डॉलर टैक्स नहीं देना पड़ा।

दूसरी तरफ़, अगर ग्राहम होते, तो वह अपने 50 प्रतिशत नियम का पालन करते हुए इसे बेच देते। वह वॉशिंगटन पोस्ट के इस निवेश को 1976 में ही लगभग 16 मिलियन डॉलर में बेच देते, जिस कारण उन्हें मुनाफ़े पर 39 प्रतिशत का कैपिटल गेन्स टैक्स देना पड़ता। इससे भी बदतर, वॉल स्ट्रीट के हॉटशॉट शेयर चुनने वालों ने पिछले 35 सालों में शायद हज़ार बार इस शेयर को यहाँ-वहाँ 10-20 प्रतिशत मुनाफ़े में बेचा होगा और हर बार टैक्स दिया होगा, लेकिन वॉरेन ने 12,460 प्रतिशत का शानदार मुनाफ़ा कमाया और अपने 1.4 अरब डॉलर के मुनाफ़े पर आज तक टैक्स में एक सेंट भी नहीं दिया।

वॉरेन जान चुके हैं कि जब वह ऐसी कंपनी में निवेश करते हैं, जिसके पक्ष में स्थायी प्रतिस्पर्धी लाभ काम कर रहा हो, तो वह समय के साथ बेहद अमीर बन जाएँगे।

अध्याय 3

वॉरेन असाधारण कंपनी की अपनी खोज कहाँ शुरू करते हैं?

इससे पहले कि हम उस स्थायी प्रतिस्पर्धी लाभ वाली कंपनी की तलाश शुरू करें, जो हमें अमीर बना देगी, हमें यह पता लगाना होगा कि ऐसी कंपनी की तलाश कहाँ करें। वॉरेन ने पता लगाया है कि इन श्रेष्ठ कंपनियों के तीन बुनियादी व्यावसायिक मॉडल होते हैं : वे या तो कोई अनूठा प्रॉडक्ट या अनूठी सेवा बेचती हैं, या वे किसी ऐसे प्रॉडक्ट या सेवा की कम लागत वाली ख़रीदार और विक्रेता होती हैं, जिसकी जनता को लगातार ज़रूरत होती है।

आइए, इनमें से प्रत्येक पर अच्छी नज़र डालते हैं।

अनूठा प्रॉडक्ट बेचना : यह कोका-कोला, पेप्सी, रिगले, हर्शी, बडवाइज़र, कूर्स, क्राफ़्ट, द *वॉशिंगटन पोस्ट*, प्रॉक्टर ऐंड गैम्बल और फ़िलिप मॉरिस की दुनिया है। ग्राहक आवश्यकता और अनुभव की प्रक्रिया के माध्यम से इन प्रॉडक्ट्स के उत्पादकों ने विज्ञापनों का बख़ूबी इस्तेमाल किया है। उन्होंने उनके प्रॉडक्ट्स की कहानियों को हमारे दिमाग़ में इतना ज़्यादा भर दिया है कि जब भी हमें कोई आवश्यकता महसूस होती है, हम उनके प्रॉडक्ट्स के बारे में सोचने के लिए प्रेरित हो जाते हैं। चुइंग ग़म खाना चाहते हैं? आप तुरंत ही रिगले के बारे में सोचते हैं। ऑफ़िस में एक गर्म दिन के बाद ठंडी बियर पीने का दिल करता है? आप तुरंत ही बडवाइज़र

के बारे में सोचने लगते हैं। और चीज़ें कैसी भी हों, वे कोक के साथ बेहतर हो जाती हैं।

वॉरेन सोचते हैं कि इस तरह की कंपनियाँ उपभोक्ता के मस्तिष्क के एक हिस्से की स्वामी बन जाती हैं। वह मानते हैं कि जब कोई कंपनी उपभोक्ता के मस्तिष्क के हिस्से की स्वामी बन जाती है, तो इसे कभी अपने प्रॉडक्ट बदलने की ज़रूरत नहीं पड़ती। यह एक अच्छी चीज़ है, जैसा आपको जल्दी ही पता चलेगा। कंपनी ज़्यादा भाव रखने के बावजूद ज़्यादा प्रॉडक्ट्स बेच सकती है और इस तरह वह जादुई अर्थशास्त्र उत्पन्न कर सकती है, जो कंपनी के फ़ाइनैंशियल स्टेटमेंट्स में नज़र आता है।

अनूठी सेवा बेचना : यह मूडीज़ कॉर्प., एचऐंडआर ब्लॉक इंक., अमेरिकन एक्सप्रेस कंपनी, द सर्विस मास्टर कंपनी और वेल्स फ़ार्गो ऐंड कंपनी का संसार है। वकीलों या डॉक्टरों की तरह ये कंपनियाँ भी ऐसी सेवाएँ बेचती हैं, जिनकी लोगों को ज़रूरत है और वे इन सेवाओं के बदले में पैसे देने को तैयार हैं, लेकिन वकीलों और डॉक्टरों के विपरीत, ये कंपनियाँ किसी व्यक्ति विशेष पर नहीं, बल्कि विशेष संस्था पर आधारित होती हैं। जब आपको टैक्स रिटर्न भरना होता है, तो आप एचऐंडआर ब्लॉक के बारे में सोचते हैं, जैक नाम के व्यक्ति के बारे में नहीं, जो एचऐंडआर ब्लॉक में काम करता है और आपका टैक्स भरता है। जब वॉरेन ने सोलोमन ब्रदर्स (एक निवेश बैंक, जो अब सिटीग्रुप का हिस्सा है) में हिस्सेदारी ख़रीदी, जिसे उन्होंने बाद में बेच दिया, तो उन्होंने सोचा था कि वह एक संस्था ख़रीद रहे हैं, लेकिन जब शीर्ष प्रतिभाएँ कंपनी छोड़कर जाने लगीं और उनके पीछे-पीछे कंपनी के सबसे बड़े ग्राहक भी जाने लगे, तो वॉरेन को अहसास हुआ कि यह कंपनी तो व्यक्ति-प्रधान थी। व्यक्ति-प्रधान कंपनियों में कर्मचारी कंपनी के मुनाफ़े का बड़ा हिस्सा माँग सकते हैं और हासिल कर सकते हैं। इसका मतलब है कि ऐसी कंपनियों में मालिकों/शेयरहोल्डर्स के लिए कम पैसा बचता है। और जैसा सभी जानते हैं, कम पैसा मिलने से निवेशक अमीर नहीं बनते हैं।

किसी अनूठी सेवा को बेचने का अर्थशास्त्र अभूतपूर्व हो सकता है। ऐसी कंपनी को नए प्रॉडक्ट्स बनाने में बहुत अधिक पैसा ख़र्च नहीं करना पड़ता है, न ही उसे उत्पादन कारख़ाना बनाने के लिए ढेर सारी पूँजी ख़र्च

करनी पड़ती है, न ही अपना माल रखने के लिए वेयरहाउस बनाने होते हैं। अनूठी सेवाएँ बेचने वाली जो कंपनियाँ उपभोक्ता के मस्तिष्क के हिस्से की स्वामी होती हैं, उनके मार्जिन प्रॉडक्ट्स बेचने वाली कंपनियों के मुक़ाबले ज़्यादा होते हैं।

किसी प्रॉडक्ट या सेवा का कम लागत वाला ख़रीदार और विक्रेता होना, जिसकी जनता को निरंतर आवश्यकता है : यह वॉल-मार्ट, कॉस्टको, नेब्रास्का फ़र्नीचर मार्ट, बोर्सहेम ज्वैलर्स, और बर्लिंगटन नॉर्दर्न सांता फ़े रेलवे का संसार है। यहाँ ज़्यादा वॉल्यूम की ख़ातिर मार्जिन कम रखा जाता है, क्योंकि ज़्यादा वॉल्यूम कम मार्जिन की भरपाई कर देता है। कुंजी यह है कि आपको कम लागत वाला ख़रीदार और कम लागत वाला विक्रेता दोनों होना चाहिए। तभी आप अपने प्रतिस्पर्धी से ज़्यादा ऊँचे मार्जिन रख सकते हैं और इसके बाद भी किसी प्रॉडक्ट या सेवा के कम लागत वाले विक्रेता बन सकते हैं। आपके भाव शहर में सबसे कम हैं, यह कहानी उपभोक्ता के दिलोदिमाग़ में बैठ जाती है और उसे बताती है कि कहाँ ख़रीदना है। ओमाहा में अगर आपको अपने घर के लिए नया स्टोव चाहिए, तो आप सर्वश्रेष्ठ चयन और सर्वश्रेष्ठ भाव के लिए नेब्रास्का फ़र्नीचर मार्ट जाएँगे। अपना सामान देश में किसी दूसरी जगह भेजना चाहते हैं? द बर्लिंगटन नॉर्दर्न सांता फ़े रेलवे आपको सबसे किफ़ायती सौदा दे सकता है। छोटे कस्बे में रहते हैं और सर्वश्रेष्ठ भाव के साथ सर्वश्रेष्ठ चयन चाहते हैं? आप वॉल-मार्ट जाएँगे।

यह इतना ही आसान है : एक अनूठा प्रॉडक्ट या सेवा बेचें या फिर किसी प्रॉडक्ट या सेवा के कम लागत वाले ख़रीदार और विक्रेता बनें। इससे आपको साल दर साल अच्छा मुनाफ़ा होगा और ऐसा लगेगा, जैसे आपने मॉन्टे कार्लो में बैंक लूट लिया हो।

अध्याय 4

स्थायित्व वॉरेन का अलादीन का चिराग़ है

वॉरेन ने यह सीखा है कि प्रतिस्पर्धी लाभ का 'स्थायित्व' ही दौलत का सृजन करता है। कोका-कोला पिछले 122 सालों से वही प्रॉडक्ट बेच रही है और इस बात की अच्छी संभावना है कि यह अगले 122 साल तक भी वही प्रॉडक्ट बेचती रहेगी।

प्रॉडक्ट में इस तरह की स्थिरता रहेगी, तो कंपनी के मुनाफ़े में भी एकरूपता या निरंतरता रहेगी। अगर प्रॉडक्ट में कोई फ़ेरबदल करने की ज़रूरत न हो, तो कंपनी को रिसर्च ऐंड डेवलपमेंट पर अरबों ख़र्च नहीं करने पड़ेंगे, न ही इसे अगले साल का मॉडल बाज़ार में उतारने के लिए अपने प्लांट में नई मशीनें लगाने पर अरबों ख़र्च करने होंगे। इसका मतलब है कि कंपनी के ख़ज़ाने में पैसों का ढेर लगता रहेगा, जिसका मतलब है कि इसे ज़्यादा क़र्ज़ नहीं लेना पड़ेगा, जिसका मतलब है कि इसे ज़्यादा ब्याज नहीं चुकाना पड़ेगा, जिसका मतलब है कि इसके पास ढेर सारा पैसा होगा, जिससे यह या तो अपने व्यवसाय का विस्तार कर सकती है या अपने शेयर बाइबैक कर सकती है, जिससे आमदनी बढ़ेगी और कंपनी के शेयर का भाव भी बढ़ेगा - जिससे शेयरधारक अमीर बनेंगे।

इसलिए किसी कंपनी का फ़ाइनैंशियल स्टेटमेंट देखते समय वॉरेन निरंतरता की तलाश करते हैं। क्या इसका ग्रॉस मार्जिन लगातार ऊँचा है?

क्या इसका क़र्ज़ लगातार कम रहता है या बिलकुल भी नहीं रहता? क्या इसे लगातार शोध और विकास (रिसर्च ऐंड डेवलपमेंट/आरऐंडडी) पर ज़्यादा पैसे ख़र्च करने की ज़रूरत नहीं पड़ती? क्या इसकी आय निरंतर है? क्या आमदनी में निरंतर वृद्धि हो रही है? फ़ाइनैंशियल स्टेटमेंट पर दिखने वाली 'निरंतरता' से ही वॉरेन को कंपनी के प्रतिस्पर्धी लाभ के 'स्थायित्व' का पता चलता है।

किसी कंपनी के पास 'स्थायी' प्रतिस्पर्धी लाभ है या नहीं, यह पता लगाने के लिए वॉरेन जिस जगह पर जाते हैं, वह है फ़ाइनैंशियल स्टेटमेंट।

अध्याय 5

फ़ाइनैंशियल स्टेटमेंट अवलोकन : सोना कहाँ छिपा है

फ़ाइनैंशियल स्टेटमेंट वह जगह है, जहाँ वॉरेन स्थायी प्रतिस्पर्धी लाभ वाली सुनहरी कंपनियों की खुदाई करते हैं। कंपनी का फ़ाइनैंशियल स्टेटमेंट उन्हें बता देता है कि वह हमेशा ख़राब परिणाम देने वाली औसत कंपनी है या फिर वह स्थायी प्रतिस्पर्धी लाभ वाली कंपनी है, जो उन्हें बेहद अमीर बना सकती है।

फ़ाइनैंशियल स्टेटमेंट के तीन हिस्से होते हैं :

सबसे पहले आता है *इनकम स्टेटमेंट* : इनकम स्टेटमेंट हमें बताता है कि निश्चित समयावधि में कंपनी की आमदनी कितनी थी। कंपनी के अकाउंटेंट शेयरहोल्डर्स को जानकारी देने के लिए पारंपरिक दृष्टि से हर साल की तिमाही और पूरे वर्ष का इनकम स्टेटमेंट तैयार करते हैं। कंपनी के इनकम स्टेटमेंट का इस्तेमाल करने पर वॉरेन को इस तरह की चीज़ें पता लगती हैं, जैसे कंपनी के मार्जिन, इसका रिटर्न ऑन इक्विटी और सबसे महत्त्वपूर्ण, इसकी आमदनी की निरंतरता और दिशा। ये सारे घटक ज़रूरी हैं, क्योंकि इनकी बदौलत ही वॉरेन को यह पता लगता है कि कंपनी के पास किसी तरह का स्थायी प्रतिस्पर्धी लाभ है या नहीं।

दूसरा हिस्सा है *बैलेंस शीट* : बैलेंस शीट हमें बताती है कि कंपनी के पास बैंक में कितना पैसा है और इस पर कितना क़र्ज़ है। अगर हम बैंक

में रखे पैसे में से क़र्ज़ घटा देंगे, तो हमें कंपनी की नेट वर्थ मिल जाएगी। कंपनी साल में किसी भी दिन के लिए बैलेंस शीट बना सकती है, जिससे यह स्पष्ट होता है कि इसके पास कितनी संपत्ति है, इस पर कितना क़र्ज़ है और उस निश्चित दिन इसकी नेट वर्थ कितनी है।

परंपरागत रूप से, कंपनियाँ शेयरधारकों के लिए हर तीन महीने की अवधि (जिसे तिमाही कहा जाता है) के अंत में बैलेंस शीट तैयार करती हैं। साथ ही, लेखांकन या वित्तीय वर्ष के अंतिम दिन की बैलेंस शीट भी बनाई जाती है। वॉरेन बैलेंस शीट की कुछ प्रविष्टियों का इस्तेमाल स्थायी प्रतिस्पर्धी लाभ के संकेतों के रूप में करते हैं – जैसे कंपनी के पास मौजूद नक़दी का भंडार या इसका दीर्घकालीन क़र्ज़।

तीसरा हिस्सा है *कैशफ़्लो स्टेटमेंट :* कैशफ़्लो स्टेटमेंट बताता है कि किस तरह नक़दी व्यवसाय के अंदर और बाहर प्रवाहित हो रही है। कैशफ़्लो स्टेटमेंट यह देखने के लिए अच्छा है कि कंपनी अपने पूँजीगत सुधारों पर कितना व्यय कर रही है। यह बॉन्ड और स्टॉक बिक्री व बाइबैक के बारे में भी जानकारी देता है। आम तौर पर कंपनी अन्य फ़ाइनैंशियल स्टेटमेंट्स के साथ कैशफ़्लो स्टेटमेंट भी जारी करती है।

आगे के अध्यायों में हम इनकम स्टेटमेंट, बैलेंस शीट और कैशफ़्लो स्टेटमेंट प्रविष्टियों व संकेतों की विस्तार से पड़ताल करेंगे, जिनका इस्तेमाल वॉरेन यह पता लगाने के लिए करते हैं कि उस कंपनी के पास कोई ऐसा स्थायी प्रतिस्पर्धी लाभ है या नहीं, जो उन्हें लंबे समय में अमीर बना सकता है।

अध्याय 6

वॉरेन वित्तीय जानकारी खोजने कहाँ जाते हैं

इंटरनेट के आधुनिक युग में कंपनी के फ़ाइनैंशियल स्टेटमेंट दर्जनों जगहों पर आसानी से मिल सकते हैं। सबसे आसान जगह ये हैं : MSN.com (http://moneycentral.msn.com/investor/home.asp) या Yahoo's Finance web page (www.finance.yahoo.com)।

हम दोनों का ही इस्तेमाल करते हैं, लेकिन माइक्रोसॉफ़्ट नेटवर्क के एमएसएन डॉट कॉम पर ज़्यादा विस्तृत फ़ाइनैंशियल स्टेटमेंट मिलते हैं। सबसे पहले तो दोनों साइटों पर शेयर के कोट के लिए सिंबल टाइप करें, फिर कंपनी का नाम टाइप करें। जब यह सामने आए, तो इस पर क्लिक करें और दोनों वेबसाइटें आपको कंपनी के शेयर कोट वाले पेज़ पर ले जाएँगी। बाईं तरफ़ आपको एक हेडिंग मिलेगी, जिस पर 'फ़ाइनैंस' लिखा होगा, जिसके नीचे तीन हाइपरलिंक रहेंगी, जो आपको कंपनी की बैलेंस शीट, इनकम स्टेटमेंट और कैशफ़्लो की ओर ले जाएँगी। उसके ऊपर 'एसईसी' हेडिंग के नीचे यूएस सिक्युरिटीज़ ऐंड एक्सचेंज कमीशन (एसईसी) में प्रस्तुत दस्तावेज़ों की हाइपरलिंक मिलती है। सभी सार्वजनिक रूप से कारोबार करने वाली कंपनियों को एसईसी में हर तिमाही के फ़ाइनैंशियल स्टेटमेंट जमा करने होते हैं। इन्हें 10क्यू कहा जाता है। इसके अलावा कंपनियों को एसईसी में एक और दस्तावेज़ जमा करना होता है, जिसे 10के कहा जाता

है। यह कंपनी की एन्युअल रिपोर्ट होती है। इसमें कंपनी के पूरे लेखांकन/वित्तीय वर्ष के फ़ाइनैंशियल स्टेटमेंट शामिल होते हैं। वॉरेन ने इतने वर्षों में हज़ारों 10के पढ़े हैं, क्योंकि वे बिना लफ़्फ़ाजी के आँकड़े बताने का सर्वश्रेष्ठ काम करते हैं, जबकि शेयरहोल्डर्स की एन्युअल रिपोर्ट प्राय: लफ़्फ़ाजी से भरी होती है।

यही सेवा सख़्त निवेशक को ब्लूमबर्ग डॉट कॉम सशुल्क प्रदान करता है, जहाँ और ज़्यादा जानकारी मिलती है, लेकिन वास्तव में, जब तक हम बॉन्ड या करेंसी ख़रीद-बेच न रहे हों, तब तक हमें स्टॉक पोर्टफ़ोलियो बनाने के लिए अपनी ज़रूरत की सारी जानकारी एमएसएन और याहू! पर मुफ़्त मिल सकती है। यक़ीनन 'मुफ़्त' सुनकर आपके चेहरे पर मुस्कान आ गई होगी!

इनकम स्टेटमेंट

“आपको असंख्य कंपनियों की एन्युअल रिपोर्ट और फ़ाइनैंशियल स्टेटमेंट पढ़ने होते हैं।”

– वॉरेन बफ़ेट

“कुछ पुरुष प्लेबॉय पढ़ते हैं। मैं एन्युअल रिपोर्टों को पढ़ता हूँ।”

– वॉरेन बफ़ेट

अध्याय 7

वॉरेन यहाँ से शुरू करते हैं : द इनकम स्टेटमेंट

इनकम स्टेटमेंट	
($ मिलियन में)	
राजस्व	$10,000
बेची गई वस्तुओं की लागत	3,000
सकल लाभ	7,000
परिचालन व्यय	
बिक्री, सामान्य और प्रशासन	2,100
अनुसंधान और विकास	1,000
मूल्यह्रास	700
परिचालन लाभ	3,200
ब्याज व्यय	200
लाभ (हानि) संपत्ति बिक्री	1,275
अन्य	225
कर से पहले आय	1,500
आयकर भुगतान	525
शुद्ध आय	$975

वॉरेन स्थायी प्रतिस्पर्धी लाभ वाली जादुई कंपनी की तलाश हमेशा कंपनी के इनकम स्टेटमेंट से शुरू करते हैं। इनकम स्टेटमेंट निवेशक को निश्चित अवधि में कंपनी के कामकाज के परिणाम बताता है। पारंपरिक दृष्टि से, हर तिमाही और वर्ष का इनकम स्टेटमेंट बनाया जाता है। इनकम स्टेटमेंट पर हमेशा उनकी अवधि का उल्लेख भी किया जाता है - जैसे 1 जनवरी, 2007 से 31 दिसंबर, 2007।

इनकम स्टेटमेंट के तीन बुनियादी घटक होते हैं : सबसे पहले, कंपनी का राजस्व (रेवेन्यू) आता है, फिर कंपनी का व्यय या ख़र्च आते हैं। कंपनी के राजस्व में से व्यय घटाने पर पता चलता है कि कंपनी ने मुनाफ़ा कमाया है या उसे घाटा हुआ है। सरल लगता है, है ना? यह सचमुच है।

स्टॉक विश्लेषण के शुरुआती दिनों में उस समय के प्रमुख विश्लेषक, जैसे वॉरेन के संरक्षक बेंजामिन ग्राहम, विशुद्ध रूप से इस बात पर ध्यान केंद्रित करते थे कि कंपनी को मुनाफ़ा हुआ या नहीं। वह इस बात पर ज़्यादा ध्यान नहीं देते थे कि कंपनी की आय के स्रोत लंबे समय तक बने रहेंगे या नहीं। हम पहले ही बता चुके हैं कि ग्राहम को इस बात की परवाह नहीं थी कि कंपनी बेहतरीन अर्थशास्त्र वाला असाधारण व्यवसाय कर रही थी या फिर यह उन हज़ारों औसत दर्जे के व्यवसायों में से एक कर रही थी, जो अपने अस्तित्व के लिए जूझ रहा था। ग्राहम पलक झपकते ही कोई भी घटिया कंपनी ख़रीदने को तैयार थे, बशर्ते यह उन्हें बहुत सस्ते में मिल जाए।

वॉरेन ने अपनी अंतर्दृष्टि की बदौलत व्यवसाय के संसार को दो अलग-अलग समूहों में विभाजित किया : पहले समूह में ऐसी कंपनियाँ थीं, जिनके पास उनके प्रतिस्पर्धियों के मुक़ाबले दीर्घकालीन स्थायी प्रतिस्पर्धी लाभ था। ये कंपनियाँ थीं, जिन्हें वाजिब या बेहद सस्ते भाव पर ख़रीदकर वह बेहद अमीर बन सकते थे, बशर्ते वह उन्हें लंबे समय तक रोककर रखें। दूसरे समूह में सभी औसत दर्जे की कंपनियाँ आती थीं, जो प्रतिस्पर्धी बाज़ार

में साल-दर-साल संघर्ष करती थीं, जिस वजह से वे दीर्घकालीन निवेश की दृष्टि से कमज़ोर विकल्प थीं।

इन अद्भुत कंपनियों की तलाश करते समय वॉरेन को महसूस हुआ कि कंपनी के इनकम स्टेटमेंट के विवरण उन्हें बता सकते हैं कि कंपनी के पास भारी दौलत बनाने वाले, दीर्घकालीन स्थायी प्रतिस्पर्धी लाभ हैं या नहीं। इनकम स्टेटमेंट सिर्फ़ इतना ही नहीं बताता कि कंपनी ने पैसा कमाया है या नहीं। इनकम स्टेटमेंट यह भी बताता है कि इसका मार्जिन कितना है या अपने प्रतिस्पर्धी लाभ को क़ायम रखने के लिए इसे अनुसंधान और विकास (आरऐंडडी) पर कितना ख़र्च करना पड़ता है? या क्या इसे पैसा बनाने के लिए बहुत सारी लीवरेज़िंग या क़र्ज़ की ज़रूरत पड़ती है? इसी तरह की जानकारी की खुदाई वॉरेन इनकम स्टेटमेंट में करते हैं, ताकि उन्हें किसी कंपनी के आर्थिक इंजन की वास्तविक स्थिति का पता चल जाए। वॉरेन के लिए आय का स्रोत हमेशा आय से अधिक महत्त्वपूर्ण होता है।

अगले पचास अध्यायों में हम कंपनी के फ़ाइनैंशियल स्टेटमेंट के व्यक्तिगत घटकों पर ध्यान केंद्रित करेंगे और यह भी बताएँगे कि कौन सी चीज़ें वॉरेन को बताती हैं कि वह कंपनी औसत है, इसलिए वह उन्हें कंगाल बनाएगी या फिर वह कंपनी दीर्घकालीन स्थायी प्रतिस्पर्धी लाभ वाली है, जो सोने के अंडे देकर उन्हें दुनिया के सबसे अमीर लोगों में से एक बनाएगी।

अध्याय 8

राजस्व (रेवेन्यू) : पैसा कहाँ से आता है

इनकम स्टेटमेंट

($ मिलियन में)

→	राजस्व	$10,000
	बेची गई वस्तुओं की लागत	3,000
	सकल लाभ	$7,000

इनकम स्टेटमेंट की पहली पंक्ति हमेशा कुल राजस्व (रेवेन्यू) को दर्शाती है, यानी उस तिमाही या वर्ष में कंपनी को कितनी धनराशि प्राप्त हुई। अगर हम जूते बनाते हैं और हमने एक वर्ष में 120 मिलियन डॉलर के जूते बेचे, तो हमारे वार्षिक इनकम स्टेटमेंट में वर्ष का कुल राजस्व 120 मिलियन डॉलर होगा।

वास्तविकता यह है कि किसी कंपनी का कुल राजस्व बहुत ज़्यादा हो, तब भी यह पता नहीं चल सकता कि उसे मुनाफ़ा हो रहा है या नहीं। मुनाफ़े को निकालने के लिए आपको कंपनी के कुल राजस्व में से उसके

व्यय को घटाना होगा। कुल राजस्व में से व्यय घटाने पर मुनाफ़ा निकलता है, लेकिन कुल राजस्व का आँकड़ा अपने आप में हमें तब तक कुछ नहीं बताता, जब तक हम व्यय को घटाकर यह पता न लगा लें कि शुद्ध आय (मुनाफ़ा) क्या है।

वॉरेन किसी व्यवसाय के कुल राजस्व पर नज़र डालने के बाद व्ययों की लंबी और सावधानीपूर्वक जाँच करते हैं, क्योंकि वॉरेन जानते हैं कि कम व्यय ही ज़्यादा मुनाफ़े का बड़ा रहस्य है।

अध्याय 9

बिकी वस्तुओं की लागत : वॉरेन के लिए जितनी कम हो, उतनी बेहतर है

इनकम स्टेटमेंट

($ मिलियन में)

	राजस्व	$10,000
→	बेची गई वस्तुओं की लागत	3,000
	सकल लाभ	$7,000

इनकम स्टेटमेंट में कुल राजस्व या रेवेन्यू की पंक्ति के ठीक नीचे बिके माल की लागत (कॉस्ट ऑफ़ गुड्स सोल्ड) आती है, जिसे राजस्व की लागत के रूप में भी जाना जाता है। बेची गई वस्तुओं की लागत में उस सामान को ख़रीदने की लागत है, जिसे कंपनी दोबारा बेच रही है या फिर कंपनी के प्रॉडक्ट्स में लगने वाली सामग्री (रॉ मटेरियल) और श्रम की लागत है। यदि कंपनी प्रॉडक्ट्स के बजाय सेवाएँ प्रदान करने के व्यवसाय में है, तो आम तौर पर 'बिकी वस्तुओं की लागत' के स्थान पर 'राजस्व

की लागत' का उपयोग किया जाता है। मूलत: वे एक ही चीज़ हैं, लेकिन एक तुलनात्मक रूप से थोड़ा अधिक व्यापक है। हमें हमेशा यह जाँच करनी चाहिए कि कंपनी अपनी बिक्री या राजस्व की लागत की गणना में क्या-क्या शामिल कर रही है। इससे हमें एक अच्छा अंदाज़ा मिलता है कि मैनेजमेंट व्यवसाय के बारे में कैसे सोच रहा है।

एक फ़र्नीचर कंपनी अपने बिकी वस्तुओं की लागत के आँकड़े की गणना कैसे कर सकती है, इसका एक सरल उदाहरण यह होगा : वर्ष की शुरुआत में कंपनी की फ़र्नीचर इन्वेंट्री की लागत से शुरू करें; वर्ष के दौरान इन्वेंट्री में शामिल होने वाले फ़र्नीचर की लागत जोड़ें; और फिर वर्ष के अंत में बची फ़र्नीचर इन्वेंट्री के नक़द मूल्य को घटा दें। मान लें कि वर्ष की शुरुआत में कंपनी के पास 10 मिलियन डॉलर की इन्वेंट्री है, फिर वह वर्ष भर में इन्वेंट्री में जुड़े फ़र्नीचर के लिए 2 मिलियन डॉलर की ख़रीदारी करती है और वर्ष के अंत में उसके पास 7 मिलियन डॉलर लागत मूल्य वाली इन्वेंट्री रहती है, तो उस पूरे वर्ष में कंपनी की माल की लागत 5 मिलियन डॉलर होगी।

यद्यपि बिकी वस्तुओं की लागत अपने आप में हमें इस बारे में ज़्यादा कुछ नहीं बताती है कि कंपनी के पास स्थायी प्रतिस्पर्धी लाभ है या नहीं, लेकिन यह व्यवसाय के सकल लाभ यानी ग्रॉस प्रॉफ़िट को निर्धारित करने के लिए अनिवार्य है। ग्रॉस प्रॉफ़िट एक महत्त्वपूर्ण संख्या है, जो यह तय करने में वॉरेन की मदद करती है कि कंपनी के पास दीर्घकालीन प्रतिस्पर्धात्मक लाभ है या नहीं। हम अगले अध्याय में इस पर चर्चा करेंगे।

अध्याय 10

सकल लाभ/ग्रॉस प्रॉफ़िट मार्जिन : दीर्घकालीन सोने की खोज में वॉरेन का मुख्य आँकड़ा

इनकम स्टेटमेंट	
($ मिलियन में)	
→ राजस्व	$10,000
बेची गई वस्तुओं की लागत	3,000
→ सकल लाभ	$7,000

सकल लाभ $7,000÷ राजस्व $10,000 = ग्रॉस प्रॉफ़िट मार्जिन 70%

यदि हम कंपनी के कुल राजस्व में से बिके माल की लागत को घटा दें, तो हमें कंपनी का ग्रॉस प्रॉफ़िट (सकल लाभ) प्राप्त हो जाता है। उदाहरण के लिए, 10 मिलियन डॉलर के कुल राजस्व में से अगर 7 मिलियन डॉलर की बिकी वस्तुओं की लागत घटा दी जाती है, तो सकल लाभ 3 मिलियन डॉलर होगा।

सकल लाभ का मतलब यह है कि कंपनी ने कच्चे माल और सामान बनाने में इस्तेमाल श्रम की लागत को घटाने के बाद कितना पैसा कमाया। इसमें बिक्री और प्रशासनिक लागत, डेप्रिसिएशन और ब्याज लागत जैसे व्यय शामिल नहीं हैं।

अपने आप में सकल लाभ हमें बहुत कम जानकारी देता है, लेकिन हम इस संख्या का उपयोग कंपनी का ग्रॉस प्रॉफ़िट मार्जिन निकालने के लिए कर सकते हैं, जो हमें कंपनी की आर्थिक प्रकृति के बारे में बहुत कुछ बता सकता है।

ग्रॉस प्रॉफ़िट मार्जिन निकालने का फ़ॉर्मूला है :

सकल लाभ ÷ कुल राजस्व = ग्रॉस प्रॉफ़िट मार्जिन

वॉरेन का लक्ष्य ऐसी कंपनियों की तलाश करना है, जिनके पास किसी प्रकार का स्थायी प्रतिस्पर्धी लाभ हो – ऐसे व्यवसाय, जिनसे वे लंबे समय तक मुनाफ़ा कमा सके। उन्होंने पाया है कि जिन कंपनियों के पक्ष में लंबी अवधि का अर्थशास्त्र उत्कृष्टता से काम करता है, उनके ग्रॉस प्रॉफ़िट मार्जिन उन कंपनियों से बेहतर और ज़्यादा ऊँचे होते हैं, जिनके पक्ष में यह लाभ कार्यरत नहीं होता। आइए, मैं आपको उदाहरण दिखाती हूँ :

जिन कंपनियों के ग्रॉस प्रॉफ़िट मार्जिन को वॉरेन ने पहले से ही स्थायी प्रतिस्पर्धी लाभ के रूप में पहचाना है, उनमें ये शामिल हैं : कोका-कोला, जिसका ग्रॉस प्रॉफ़िट मार्जिन लगातार 60 प्रतिशत या इससे ज़्यादा रहता है; बॉन्ड रेटिंग कंपनी मूडीज़ का 73 प्रतिशत; बर्लिंगटन नॉर्दर्न सांता फ़े रेलवे का 61 प्रतिशत और च्युइंगम बनाने वाली रिगले कंपनी का 51 प्रतिशत।

इन उत्कृष्ट व्यवसायों की तुलना उन कई कंपनियों से करें, जिनकी दीर्घकालीन अर्थव्यवस्था ख़राब है, जैसे दिवालियापन से अंदर-बाहर होने वाली यूनाइटेड एयरलाइंस, जो 14 प्रतिशत का ग्रॉस प्रॉफ़िट मार्जिन दिखाती है; परेशान ऑटो निर्माता जनरल मोटर्स, जो 21 प्रतिशत की कमज़ोर स्थिति में है; कभी संकटग्रस्त, लेकिन अब लाभदायक यू.एस. स्टील, जिसका मार्जिन 17 प्रतिशत से भी कम है; और गुडईयर टायर, जो

किसी भी मौसम में चलता है, लेकिन ख़राब अर्थव्यवस्था में 20 प्रतिशत पर अटका हुआ है। यह ज़्यादा प्रभावशाली नहीं है।

टेक संसार में – एक ऐसा क्षेत्र, जिससे वॉरेन दूर रहते हैं, क्योंकि वे इसे नहीं समझते हैं – माइक्रोसॉफ़्ट का ग्रॉस प्रॉफ़िट मार्जिन लगातार 79 प्रतिशत से अधिक है, जबकि ऐपल इंक का 33 प्रतिशत है। मार्जिन के ये प्रतिशत दर्शाते हैं कि माइक्रोसॉफ़्ट जो ऑपरेटिंग सिस्टम और सॉफ़्टवेयर बेचता है, वे ऐपल के बेचे जाने वाले हार्डवेयर और सेवाओं से बेहतर अर्थशास्त्र उत्पन्न करते हैं।

उच्च ग्रॉस प्रॉफ़िट मार्जिन तय करने वाली सबसे महत्त्वपूर्ण चीज़ कंपनी का स्थायी प्रतिस्पर्धी लाभ है, जो उसे अपने प्रॉडक्ट्स और सेवाओं की क़ीमत उनकी लागत से काफ़ी अधिक रखने की अनुमति देता है। प्रतिस्पर्धी लाभ के बिना कंपनियों को अपने प्रॉडक्ट या सेवा की क़ीमत कम करके प्रतिस्पर्धा करनी पड़ती है। ज़ाहिर है, कम क़ीमत उनके प्रॉफ़िट मार्जिन को कम करती है और इस तरह से उनकी लाभप्रदता को भी कम करती है।

एक बहुत ही सामान्य नियम यह है (हालाँकि कुछ अपवाद भी हैं) : 40 प्रतिशत या उससे बेहतर ग्रॉस प्रॉफ़िट मार्जिन वाली कंपनियों के पास किसी न किसी प्रकार का स्थायी प्रतिस्पर्धी लाभ होता है। 40 प्रतिशत से कम ग्रॉस प्रॉफ़िट मार्जिन वाली कंपनियाँ अत्यधिक प्रतिस्पर्धा वाले उद्योगों में होती हैं, जहाँ प्रतिस्पर्धा ग्रॉस प्रॉफ़िट मार्जिन को नुक़सान पहुँचाती है (यहाँ भी अपवाद हैं)। 20 प्रतिशत या उससे कम का ग्रॉस प्रॉफ़िट मार्जिन आम तौर पर किसी भयंकर प्रतिस्पर्धा वाले उद्योग का एक अच्छा संकेत है, जहाँ किसी भी कंपनी को प्रतिस्पर्धियों के मुक़ाबले स्थायी प्रतिस्पर्धात्मक लाभ हासिल नहीं है। और बहुत ज़्यादा प्रतिस्पर्धा वाले उद्योग में काम करने वाली कंपनी हमें लंबे समय में अमीर नहीं बना सकती, जब उसके पक्ष में किसी प्रकार का प्रतिस्पर्धात्मक लाभ काम न कर रहा हो।

हालाँकि ग्रॉस प्रॉफ़िट मार्जिन परीक्षण पूरी तरह अचूक नहीं है, लेकिन यह शुरुआती संकेत देता है कि विचाराधीन कंपनी के पास किसी प्रकार का निरंतर स्थायी प्रतिस्पर्धी लाभ है या नहीं। वॉरेन दृढ़ता से 'स्थायी' शब्द पर ज़ोर देते हैं और सुरक्षित रहने के लिए हमें पिछले दस वर्षों के वार्षिक

ग्रॉस प्रॉफ़िट मार्जिन पर नज़र डालनी चाहिए, ताकि यह सुनिश्चित हो सके कि 'निरंतरता' बनी हुई है। वॉरेन जानते हैं कि स्थायी प्रतिस्पर्धी लाभ वाली कंपनियों की तलाश में 'निरंतरता' ही असली चीज़ है।

देखिए, ऐसे कई तरीक़े हैं, जिनसे उच्च ग्रॉस प्रॉफ़िट मार्जिन वाली कंपनी राह से भटक सकती है और अपने दीर्घकालीन प्रतिस्पर्धात्मक लाभ से वंचित हो सकती है। इनमें से एक है उच्च शोध लागत, दूसरा है बिक्री और प्रशासनिक ऊँची लागत, और तीसरा है ऋण पर उच्च ब्याज लागत। इन तीन लागतों में से कोई भी व्यवसाय के दीर्घकालीन अर्थशास्त्र को नष्ट कर सकती है। इन्हें परिचालन या संचालन व्यय (ऑपरेटिंग एक्सपेंसेस) कहा जाता है, और ये हर व्यवसाय की राह में बाधा की तरह बिछे रहते हैं।

अध्याय 11

परिचालन व्यय (ऑपरेटिंग एक्सपेंसेस) : यहाँ वॉरेन सावधानी से देखते हैं

इनकम स्टेटमेंट

($ मिलियन में)

	राजस्व	$10,000
	बेची गई वस्तुओं की लागत	3,000
	सकल लाभ	7,000
→	परिचालन व्यय	
	बिक्री, सामान्य और प्रशासन	2,100
	अनुसंधान और विकास	1,000
	मूल्यह्रास	700
	परिचालन लाभ	$3,200

इनकम स्टेटमेंट में ग्रॉस प्रॉफ़िट वाली लाइन के ठीक नीचे व्ययों का एक समूह आता है, जिसे परिचालन व्यय (ऑपरेटिंग एक्सपेंसेस) कहा जाता है।

ये सभी कंपनी की कठोर लागतें हैं, जैसे नए प्रॉडक्ट्स के लिए शोध और विकास (आरऐंडडी), बेचने की लागत और प्रॉडक्ट को बाज़ार तक पहुँचाने की प्रशासनिक लागत, डेप्रिसिएशन और ऐमर्टिज़ेशन, पुनर्गठन और इम्पेयरमेंट फ़ी और 'अन्य' सभी व्यय, जिसमें सारे ग़ैर-परिचालन, नॉन-रेकरिंग व्यय शामिल होते हैं।

इन प्रविष्टियों का योग कंपनी का कुल परिचालन व्यय बताता है। जब हम इसे कंपनी के सकल लाभ में से घटाते हैं, तो हमें कंपनी का ऑपरेटिंग प्रॉफ़िट या लॉस पता चलता है। चूँकि इन सभी प्रविष्टियों का व्यवसाय की दीर्घकालीन आर्थिक प्रकृति पर प्रभाव पड़ता है, इसलिए सबसे अच्छा यही रहेगा कि हम वॉरेन के सच्चे अंदाज़ में अगले कुछ अध्यायों में उन्हें एक-एक करके देखें।

अध्याय 12

बिक्री, सामान्य और प्रशासनिक व्यय

इनकम स्टेटमेंट

($ मिलियन में)

राजस्व	$10,000
बेची गई वस्तुओं की लागत	3,000
सकल लाभ	7,000
परिचालन व्यय	
→ बिक्री, सामान्य और प्रशासन	2,100
अनुसंधान और विकास	1,000
मूल्यह्रास	700
परिचालन लाभ	$3,200

इनकम स्टेटमेंट में सेलिंग, जनरल ऐंड एडमिनिस्ट्रेटिव (एसजीए) व्यय का शीर्षक वह जगह है, जहाँ कंपनी लेखांकन अवधि के दौरान बेचने

के प्रत्यक्ष व अप्रत्यक्ष व्यय और सभी सामान्य व प्रशासनिक ख़र्च बताती है। इनमें प्रबंधन वेतन, विज्ञापन, यात्रा लागत, क़ानूनी शुल्क, कमीशन, कर्मचारी वेतन और इसी तरह की चीज़ शामिल हैं।

कोका-कोला जैसी कंपनी में यह व्यय अरबों में होता है और कंपनी के मुनाफ़े पर बहुत ज़्यादा प्रभाव डालता है। सकल लाभ के प्रतिशत के रूप में यह व्यय अलग-अलग व्यवसाय में अलग-अलग होता है। वे कोका-कोला जैसी स्थायी प्रतिस्पर्धी लाभ वाली कंपनियों के मामले में भी अलग-अलग होते हैं। कोका-कोला लगातार अपने सकल लाभ का औसतन 59 प्रतिशत एसजीए व्यय में ख़र्च करती है। मूडीज़ जैसी कंपनी लगातार औसतन 25 प्रतिशत ख़र्च करती है, जबकि प्रॉक्टर ऐंड गैंबल लगातार 61 प्रतिशत के आस-पास ख़र्च करती है। 'लगातार' यहाँ प्रमुख शब्द है।

जिन कंपनियों के पास स्थायी प्रतिस्पर्धी लाभ नहीं है, वे तीव्र प्रतिस्पर्धा की शिकार होती हैं और सकल लाभ के प्रतिशत के रूप में एसजीए लागत में काफ़ी ज़्यादा अंतर दिखाती हैं। पिछले पाँच वर्षों में जीएम एसजीए पर अपने सकल लाभ का 28 से 83 प्रतिशत तक ख़र्च कर चुकी है। पिछले पाँच वर्षों में फ़ोर्ड अपने सकल लाभ का 89 से 780 प्रतिशत एसजीए पर ख़र्च कर रही है, जिसका मतलब है कि यह पागलों की तरह पैसा फूँक रही है। होता यह है कि बिक्री घटने लगती है, जिसका मतलब है कि राजस्व कम हो जाता है, लेकिन एसजीए लागत बनी रहती है। यदि कंपनी एसजीए लागत में तेज़ी से कटौती नहीं कर पाती, तो यह लागत कंपनी के सकल मुनाफ़े का ज़्यादा हिस्सा खाने लगती है।

स्थायी प्रतिस्पर्धी लाभ वाली कंपनी की तलाश करते समय यह ध्यान रखें कि कंपनी के एसजीए व्यय जितने कम होंगे, उतना ही बेहतर है। अगर वे लगातार कम रहें, तो और भी बेहतर है। व्यवसाय जगत में 30 प्रतिशत से कम एसजीए शानदार माने जाते हैं, लेकिन यह न भूलें कि स्थायी प्रतिस्पर्धी लाभ वाली कई कंपनियों का एसजीए व्यय 30 प्रतिशत से 80 प्रतिशत की रेंज में होता है। अगर हमें कोई ऐसी कंपनी दिखती है, जिसके एसजीए व्यय बार-बार 100 प्रतिशत के क़रीब या उससे अधिक दिख रहे हैं, तो हम शायद किसी अत्यधिक प्रतिस्पर्धा वाले उद्योग में कार्यरत कंपनी को देख रहे हैं, जहाँ किसी भी कंपनी के पास स्थायी प्रतिस्पर्धी लाभ नहीं है।

निम्न से मध्यम एसजीए व्यय वाली कंपनियाँ भी हैं, जो उच्च अनुसंधान और विकास लागत (आरऐंडडी), पूँजीगत व्यय और/या ऋण पर ब्याज व्यय की वजह से बेहतरीन दीर्घकालीन व्यावसायिक अर्थशास्त्र को नष्ट कर देती हैं।

इंटेल उस कंपनी का आदर्श उदाहरण है, जिसके एसजीए व्यय का अनुपात सकल लाभ के मुक़ाबले कम है, लेकिन उच्च अनुसंधान और विकास लागत (आरऐंडडी) के कारण इसका दीर्घकालीन अर्थशास्त्र औसत ही कहा जा सकता है। पेंच यह है कि यदि इंटेल ने अनुसंधान और विकास करना बंद कर दिया, तो उसके वर्तमान प्रॉडक्ट्स दस वर्षों के भीतर अप्रचलित हो जाएँगे और वह दिवालिया हो जाएगी।

गुडईयर टायर के सकल लाभ में एसजीए व्यय का अनुपात 72 प्रतिशत है, लेकिन इसके उच्च पूँजीगत व्यय और ब्याज व्यय – अपने पूँजीगत व्यय (कैपिटल एक्सपेंस) को फ़ाइनैंस करने के लिए इसे ऋण लेना पड़ता है – मंदी के दौर में टायर निर्माता को हर बार घाटे में ले जाते हैं, लेकिन अगर गुडईयर पूँजीगत व्यय/सुधार करने के लिए ऋण न ले, तो यह बहुत लंबे समय तक प्रतिस्पर्धी नहीं रह पाएगा।

वॉरेन ने लगातार उच्च एसजीए व्यय से शापित कंपनियों से दूर रहना सीख लिया है। वह यह भी जानते हैं कि कम एसजीए व्यय वाली कंपनियों का अर्थशास्त्र भारी अनुसंधान और विकास लागत, उच्च पूँजीगत व्यय और/या बहुत सारे ऋण से नष्ट हो सकता है। वह शेयर के भाव की परवाह किए बिना इस प्रकार के व्यवसायों से बचते हैं, क्योंकि वह जानते हैं कि उनका अंतर्निहित दीर्घकालीन अर्थशास्त्र इतना ख़राब है कि कम भाव वाला शेयर भी निवेशकों को जीवनभर औसत से बेहतर परिणाम नहीं दे पाएगा।

अध्याय 13

अनुसंधान एवं विकास (आरऐंडडी) : वॉरेन इससे दूर क्यों रहते हैं?

इनकम स्टेटमेंट		
	($ मिलियन में)	
	राजस्व	$10,000
	बेची गई वस्तुओं की लागत	3,000
→	सकल लाभ	7,000
	परिचालन व्यय	
	बिक्री, सामान्य और प्रशासन	2,100
→	अनुसंधान और विकास	1,000
	मूल्यह्रास	700
	परिचालन लाभ	$3,200

स्थायी प्रतिस्पर्धी लाभ वाली कंपनियाँ पहचानने के खेल में यह एक बड़ा क़दम है। जो दीर्घकालीन प्रतिस्पर्धी लाभ जैसा दिखता है, वह अक्सर पेटेंट या किसी तकनीकी प्रगति से मिलने वाला

लाभ होता है। यदि प्रतिस्पर्धात्मक लाभ किसी पेटेंट की वजह से है, जैसा कि दवा कंपनियों के मामले में होता है, तो किसी समय वह पेटेंट ख़त्म हो जाएगा और कंपनी का प्रतिस्पर्धात्मक लाभ ग़ायब हो जाएगा।

यदि प्रतिस्पर्धात्मक लाभ किसी तकनीकी प्रगति के कारण है, तो यह ख़तरा हमेशा बना रहता है कि इसकी जगह पर नई टेक्नोलॉजी आ जाएगी। माइक्रोसॉफ़्ट इसी वजह से गूगल की तकनीकी प्रगति से इतना घबराता है। आज का प्रतिस्पर्धात्मक लाभ कल ग़ायब हो सकता है।

इन कंपनियों को न केवल अनुसंधान एवं विकास पर ढेर सारा पैसा ख़र्च करना पड़ता है, बल्कि चूँकि उन्हें लगातार नए उत्पादों का आविष्कार करना पड़ता है, इसलिए उन्हें अपने बिक्री कार्यक्रमों को नए सिरे से डिज़ाइन और अपडेट करना पड़ता है, जिसका अर्थ है कि उन्हें बिक्री और प्रशासनिक लागत पर भी भारी ख़र्च करना पड़ता है। इस पर विचार करें : मर्क अपने सकल लाभ का 29 प्रतिशत अनुसंधान एवं विकास और अपने सकल लाभ का 49 प्रतिशत बिक्री, सामान्य और प्रशासनिक लागत (एसजीए) पर ख़र्च करती है। इन दोनों को मिला दें, तो यह व्यय ग्रॉस प्रॉफ़िट का 78 प्रतिशत होता है। इसके अलावा, यदि मर्क ऐंड कंपनी अरबों डॉलर में बिकने वाली अगली नई दवा का आविष्कार करने में सफल नहीं हो पाई, तो उसके मौजूदा पेटेंट समाप्त होने पर उसका प्रतिस्पर्धात्मक लाभ चला जाएगा।

इंटेल अपने तेज़ गति वाले क्षेत्र में अग्रणी है, लेकिन उसे लगातार अपने सकल लाभ का लगभग 30 प्रतिशत अनुसंधान एवं विकास के रूप में ख़र्च करना पड़ता है। अगर यह ऐसा न करे, तो कुछ ही वर्षों में इसका प्रतिस्पर्धी लाभ समाप्त हो जाएगा।

बॉन्ड रेटिंग कंपनी मूडीज़ लंबे समय से वॉरेन की प्रिय कंपनी रही है और इसके पीछे अच्छा कारण है। मूडीज़ का कोई आरऐंडडी व्यय नहीं है और यह औसतन एसजीए व्यय में अपने ग्रॉस प्रॉफ़िट का केवल 25 प्रतिशत ख़र्च करती है। कोका-कोला की भी कोई आरऐंडडी लागत नहीं है, लेकिन इसे पागलों की तरह विज्ञापन करना पड़ता है, फिर भी यह औसतन एसजीए पर अपने सकल लाभ का केवल 59 प्रतिशत ख़र्च करती है। मूडीज़ और कोका-कोला के मामले में वॉरेन को इस चिंता में रात भर

जागने की ज़रूरत नहीं है कि कुछ दवा पेटेंट समाप्त होने जा रहे हैं या उनकी कंपनी अगली तकनीकी सफलता की दौड़ में हार सकती है।

यहाँ वॉरेन का नियम बताया जा रहा है : जिन कंपनियों को अनुसंधान एवं विकास पर भारी ख़र्च करना पड़ता है, उनके प्रतिस्पर्धी लाभ में एक अंतर्निहित दोष होता है, जो उनके दीर्घकालीन अर्थशास्त्र को हमेशा जोखिम में डालेगा, जिसका अर्थ है कि उनकी सफलता निश्चित नहीं है।

और अगर किसी कंपनी की सफलता निश्चित नहीं कही जा सकती, तो उसमें वॉरेन की कोई दिलचस्पी नहीं है।

अध्याय 14

डेप्रिसिएशन : ऐसी लागत, जिसे वॉरेन नज़रअंदाज़ नहीं कर सकते

इनकम स्टेटमेंट

($ मिलियन में)

	राजस्व	$10,000
	बेची गई वस्तुओं की लागत	3,000
→	सकल लाभ	7,000
	परिचालन व्यय	
	बिक्री, सामान्य और प्रशासन	2,100
	अनुसंधान और विकास	1,000
→	मूल्यह्रास	700
	परिचालन लाभ	$3,200

समय के साथ सारी मशीनें और इमारतें पुरानी पड़ती हैं या घिस जाती हैं। पुरानी पड़ने और घिसने की इस प्रक्रिया को ही इनकम स्टेटमेंट में डेप्रिसिएशन कहा जाता है। बुनियादी तौर पर, किसी वर्ष में डेप्रिसिएशन

की राशि वह लागत है, जो उस साल की आय में से घटाई जाती है। संपत्ति का मूल्य जितना कम या डिप्रिशिएट होता है, उसके बारे में तार्किक रूप से कहा जा सकता है कि वह उस वर्ष कंपनी की व्यावसायिक गतिविधि से होने वाली आय में से कम हो गया।

एक उदाहरण देखें : कल्पना कीजिए कि एक्सवायज़ेड प्रिंटिंग कॉर्पोरेशन ने एक मिलियन डॉलर में प्रिंटिंग प्रेस ख़रीदी। इस प्रिंटिंग प्रेस का जीवनकाल दस वर्ष का है। चूँकि इसका जीवन काल दस वर्ष है, इसलिए आयकर विभाग कंपनी को उसी वर्ष में पूरी 1 मिलियन डॉलर की लागत डेप्रिसिएशन में कम नहीं करने देगा, जिस वर्ष इसे ख़रीदा गया था। इसके बजाय, प्रेस दस वर्षों तक काम करेगी, इसलिए डेप्रिसिएशन भी दस वर्षों तक हर साल होगा। दस साल का जीवनकाल और 1 मिलियन डॉलर की मूल लागत का मतलब यह है कि एक्सवायज़ेड उस प्रिंटिंग प्रेस को हर साल 1 लाख डॉलर की दर से डिप्रिशिएट करेगा। डेप्रिसिएशन व्यवसाय करने की वास्तविक लागत है, क्योंकि भविष्य में किसी समय प्रिंटिंग प्रेस को बदलना पड़ेगा।

प्रिंटिंग प्रेस ख़रीदने पर बैलेंस शीट में क्या दिखेगा? इसमें 1 मिलियन डॉलर नक़दी (कैश) से बाहर निकलेगी और 1 मिलियन डॉलर संयंत्र और मशीनों (प्लांट ऐंड इक्विपमेंट) में जुड़ जाएगा, फिर अगले दस वर्षों तक 1 लाख डॉलर प्रति वर्ष की डिप्रिसिएटेड लागत इनकम स्टेटमेंट में व्यय के रूप में दिखेगी। हर साल बैलेंस शीट में संपत्ति के संयंत्र और मशीन ख़ाते में से 1 लाख डॉलर घटा दिए जाएँगे और इस 1 लाख डॉलर को संचित डेप्रिसिएशन लाएबिलिटी अकाउंट में जोड़ा जाएगा। प्रिंटिंग प्रेस के लिए वास्तविक 1 मिलियन डॉलर नक़द व्यय कैशफ़्लो स्टेटमेंट में कैपिटल एक्सपेंडिचर (पूँजीगत व्यय) के रूप में दिखाई देगा। हम इस बात पर ज़ोर देना चाहेंगे कि प्रिंटिंग प्रेस के लिए पूरा एक मिलियन डॉलर का ख़र्च उस वर्ष नहीं दिखाया जाएगा, जिसमें इसे ख़रीदा गया था; इसके बजाय इसे इनकम स्टेटमेंट में दस वर्ष की अवधि में 1 लाख डॉलर प्रति वर्ष के डेप्रिसिएशन व्यय के रूप में आवंटित किया जाएगा।

वॉल स्ट्रीट के वित्तीय समूहों ने एक शानदार तरकीब निकाली है। एक बार प्रिंटिंग प्रेस ख़रीदने और भुगतान करने के बाद 1 लाख डॉलर

के वार्षिक डेप्रिसिएशन में वास्तव में एक भी पैसा ख़र्च नहीं होता, लेकिन इससे उन्हें अगले दस वर्षों तक आयकर विभाग को हर वर्ष होने वाली आय में कमी दिखाने का अधिकार मिल जाता है। इसका मतलब यह है कि अल्पकालिक दृष्टिकोण से डेप्रिसिएशन एक्सवायज़ेड की ऐसी वार्षिक लागत है, जिस पर इसे वास्तव में कोई नक़दी ख़र्च नहीं करनी पड़ रही है। इस तरह वॉल स्ट्रीट के वित्तीय विशेषज्ञ उस 1 लाख की लागत को आय में दोबारा जोड़ सकते हैं, जिसका मतलब है कि व्यवसाय के कैशफ़्लो से अब ज़्यादा ऋण लिया जा सकता है, जिससे पैसे बनाने वाले मज़ेदार काम किए जा सकते हैं, जैसे ऋण लेकर दूसरी कंपनियाँ ख़रीदना। आय की इस पुनर्गणना के लिए वॉल स्ट्रीट के पास एक संक्षिप्त शब्द है : वे इसे एबिटडा कहते हैं – यानी आयकर, डेप्रिसिएशन और ऐमर्टिज़ेशन से पहले होने वाली आय।

वॉरेन मानते हैं कि एबिटडा का उपयोग करके वॉल स्ट्रीट के हमारे चतुर विशेषज्ञ इस बात को नज़रअंदाज़ कर रहे हैं कि अंततः प्रिंटिंग प्रेस ख़राब हो जाएगी और कंपनी को नई प्रिंटिंग प्रेस ख़रीदने के लिए 1 मिलियन डॉलर का अतिरिक्त निवेश करना होगा, लेकिन चूँकि कंपनी पहले ही ऋण लेकर दूसरी कंपनियों का अधिग्रहण कर चुकी है, इसलिए इस पर बहुत ज़्यादा क़र्ज़ है और हो सकता है कि यह नई प्रिंटिंग प्रेस ख़रीदने के लिए 1 मिलियन डॉलर की पूँजी न जुटा पाए।

वॉरेन का मानना है कि डेप्रिसिएशन यानी मूल्यह्रास बहुत ही वास्तविक व्यय है और इसे हमेशा आय की किसी भी गणना में शामिल किया जाना चाहिए। ऐसा न करने का मतलब यह होगा कि हम इस अल्पकालिक विश्वास से ख़ुद को धोखा दे रहे हैं कि व्यवसाय वास्तविकता से ज़्यादा कमा रहा है। और इंसान कभी मुग़ालतों या ग़लत विश्वासों की बदौलत अमीर नहीं बनता।

वॉरेन ने यह पता लगाया है कि जिन कंपनियों के पास स्थायी प्रतिस्पर्धी लाभ होता है, उनमें डेप्रिसिएशन लागत ग्रॉस प्रॉफ़िट की बहुत कम प्रतिशत होती है, जबकि गहन प्रतिस्पर्धा की शिकार कंपनियों की डेप्रिसिएशन लागत ज़्यादा होती है। उदाहरण के तौर पर, कोका-कोला का डेप्रिसिएशन व्यय लगातार उसके ग्रॉस प्रॉफ़िट का लगभग 6 प्रतिशत

है और स्थायी प्रतिस्पर्धी लाभ वाली एक अन्य कंपनी रिगले का भी लगभग 7 प्रतिशत है। लंबे समय से वॉरेन की पसंदीदा प्रॉक्टर ऐंड गैंबल का डेप्रिसिएशन व्यय लगभग 8 प्रतिशत है। इन सबकी तुलना जीएम से तुलना करें, जो अत्यधिक प्रतिस्पर्धी पूँजी-गहन व्यवसाय में है। इसका डेप्रिसिएशन व्यय इसके ग्रॉस प्रॉफ़िट का 22 से 57 प्रतिशत तक होता है।

जैसा कि किसी कंपनी के ग्रॉस प्रॉफ़िट को कम करने वाले किसी भी ख़र्च के साथ होता है, वॉरेन ने पाया है कि कम व्यय का मतलब हमेशा बेहतर होता है, क्योंकि इससे मुनाफ़ा बढ़ता है।

अध्याय 15

ब्याज व्यय : जिसे वॉरेन नहीं चाहते

इनकम स्टेटमेंट	
($ मिलियन में)	
राजस्व	$10,000
बेची गई वस्तुओं की लागत	3,000
→ सकल लाभ	7,000
परिचालन व्यय	
बिक्री, सामान्य और प्रशासन	2,100
अनुसंधान और विकास	1,000
मूल्यह्रास	700
परिचालन लाभ	3,200
→ ब्याज व्यय	$200

ब्याज व्यय वह प्रविष्टि है, जो बताती है कि उस तिमाही या वर्ष में कंपनी ने अपनी बैलेंस शीट के ऋण पर कितना ब्याज चुकाया, हालाँकि किसी कंपनी के लिए यह संभव है कि वह जितना ब्याज चुका

रही हो, उससे ज़्यादा ब्याज कमा ले, जैसा कि बैंक के मामले में होता है, लेकिन अधिकांश निर्माता और रिटेल व्यवसाय जितना ब्याज कमाते हैं, उससे कहीं ज़्यादा ब्याज चुकाते हैं।

इसे परिचालन लागत नहीं, बल्कि वित्तीय लागत कहा जाता है, और यह अलग ही दिखाई जाती है, क्योंकि यह किसी उत्पादन या बिक्री प्रक्रिया से नहीं जुड़ी होती। इसके बजाय ब्याज उस कुल ऋण को प्रतिबिंबित करता है, जो कंपनी के बहीख़ातों में बकाया है। जिस कंपनी पर जितना अधिक क़र्ज़ होगा, उसे उतना ही अधिक ब्याज देना पड़ेगा।

ऑपरेटिंग इनकम की तुलना में ज़्यादा ब्याज देने वाली कंपनियाँ दो प्रकार की होती हैं : ऐसी कंपनी, जो अत्यधिक प्रतिस्पर्धी उद्योग में है, जहाँ प्रतिस्पर्धी बने रहने के लिए बहुत ज़्यादा पूँजी ख़र्च करने की ज़रूरत होती है या फिर ऐसी कंपनी, जिसका उत्कृष्ट व्यावसायिक अर्थशास्त्र हो, लेकिन जिस पर तब क़र्ज़ चढ़ गया, जब कंपनी को लीवरेज़्ड बाइआउट में ख़रीदा गया।

वॉरेन ने यह पता लगा लिया है कि स्थायी प्रतिस्पर्धी लाभ वाली कंपनियों का ब्याज व्यय अक्सर बहुत कम या शून्य होता है। दीर्घकालीन प्रतिस्पर्धात्मक लाभ वाली प्रॉक्टर ऐंड गैंबल अपनी ऑपरेटिंग कॉस्ट का केवल 8 प्रतिशत ब्याज व्यय के रूप में देती है, रिगले कंपनी को औसतन 7 प्रतिशत का भुगतान करना पड़ता है। इन दोनों कंपनियों की तुलना गुडईयर से करें, जो अत्यधिक प्रतिस्पर्धी और पूँजी-गहन टायर व्यवसाय में है। गुडईयर को अपनी ऑपरेटिंग कॉस्ट का औसतन 49 प्रतिशत ब्याज व्यय में देना पड़ता है।

यहाँ तक कि एयरलाइन उद्योग जैसे अत्यधिक प्रतिस्पर्धी व्यवसायों में भी ऑपरेटिंग इनकम की ब्याज की राशि का इस्तेमाल करके प्रतिस्पर्धी लाभ वाली कंपनियों को पहचाना जा सकता है। लगातार लाभदायक साउथवेस्ट एयरलाइंस ब्याज में ऑपरेटिंग कॉस्ट का केवल 9 प्रतिशत भुगतान करती है, जबकि दिवालियेपन से अंदर-बाहर होने वाली प्रतिस्पर्धी यूनाइटेड एयरलाइंस अपनी ऑपरेटिंग कॉस्ट का 61 प्रतिशत ब्याज में देती है। साउथवेस्ट की अन्य परेशान प्रतिस्पर्धी अमेरिकन एयरलाइंस अपनी ऑपरेटिंग कॉस्ट का 92 प्रतिशत ब्याज में चुकाती है।

मोटा नियम यह है कि कंज़्यूमर प्रॉडक्ट्स श्रेणी में वॉरेन के पसंदीदा स्थायी प्रतिस्पर्धी लाभधारक ब्याज में ऑपरेटिंग कॉस्ट का 15 प्रतिशत से कम चुकाते हैं, लेकिन ध्यान रखें, ऑपरेटिंग कॉस्ट पर ब्याज भुगतान का प्रतिशत हर उद्योग में काफ़ी अलग होता है। एक उदाहरण के रूप में : वेल्स फ़ार्गो नामक बैंक, जिसमें वॉरेन की 14 प्रतिशत हिस्सेदारी है, अपनी ऑपरेटिंग कॉस्ट का लगभग 30 प्रतिशत ब्याज में चुकाती है, जो कोक की तुलना में अधिक लगता है, लेकिन वास्तव में इस वजह से यह बैंक अमेरिका के शीर्ष पाँच बैंकों में सबसे कम और सबसे आकर्षक अनुपात वाला बैंक है। वेल्स फ़ार्गो इन पाँच बैंकों में स्टैंडर्ड ऐंड पूअर्स से एएए रेटिंग प्राप्त करने वाली एकमात्र कंपनी है।

ब्याज भुगतान और ऑपरेटिंग कॉस्ट का अनुपात किसी कंपनी के आर्थिक ख़तरे के बारे में काफ़ी अच्छी जानकारी दे सकता है। निवेश बैंकिंग व्यवसाय को लें, जो औसतन अपनी ऑपरेटिंग कॉस्ट का लगभग 70 प्रतिशत ब्याज चुकाता है। ध्यान से देखने पर यह तथ्य समझ में आ जाता है कि 2006 में बियर स्टर्न्स ने बताया था कि वह अपनी ऑपरेटिंग कॉस्ट का 70 प्रतिशत ब्याज में दे रहा था, लेकिन नवंबर, 2007 में समाप्त तिमाही तक ऑपरेटिंग कॉस्ट में ब्याज भुगतान का प्रतिशत बढ़कर 230 प्रतिशत हो गया। इसका मतलब यह है कि अंतर को पूरा करने के लिए उसे अपने शेयरधारकों की इक्विटी में से पैसे निकालने पड़े। बियर स्टर्न्स जैसी अत्यधिक क़र्ज़ वाली कंपनी में इसका मतलब तबाही था। कभी शक्तिशाली बियर स्टर्न्स के शेयर एक साल पहले 170 डॉलर के उच्च स्तर पर कारोबार कर रहे थे, लेकिन मार्च 2008 में इसे केवल 10 डॉलर प्रति शेयर के भाव पर जेपी मॉर्गन चेज़ ऐंड कंपनी के साथ विलय के लिए मजबूर किया जा रहा था।

यहाँ नियम वास्तव में सरल है : किसी भी उद्योग में ऑपरेटिंग कॉस्ट में ब्याज भुगतान के सबसे कम अनुपात वाली कंपनी आम तौर पर वह कंपनी होती है, जिसके पास प्रतिस्पर्धी लाभ होने की सबसे ज़्यादा संभावना होती है। वॉरेन की दुनिया में, स्थायी प्रतिस्पर्धी लाभ वाली कंपनी में निवेश करना यह सुनिश्चित करने का एकमात्र तरीक़ा है कि हम लंबी अवधि में अमीर बनने जा रहे हैं।

अध्याय 16

संपत्ति और अन्य की बिक्री पर लाभ (या हानि)

इनकम स्टेटमेंट	
($ मिलियन में)	
परिचालन व्यय	
बिक्री, सामान्य और प्रशासन	$2,100
अनुसंधान और विकास	1,000
मूल्यह्रास	700
परिचालन लाभ	3,200
ब्याज व्यय	200
→ लाभ (हानि) बिक्री संपत्ति	1,275
→ अन्य	225

जब कोई कंपनी कोई संपत्ति (इन्वेंट्री के अलावा) बेचती है, तो बिक्री से हुआ लाभ या हानि एसेट्स (संपत्तियों) की बिक्री पर लाभ (या

हानि) के तहत दर्ज की जाती है। बिक्री से होने वाली आय और कंपनी के बहीख़ाते में दर्शाई गई वहन राशि के बीच का अंतर लाभ कहलाता है। यदि कंपनी के पास एक इमारत है, जिसके लिए उसने 1 मिलियन डॉलर का भुगतान किया है और डेप्रिसिएशन के बाद यह मूल्य अब घटकर 5 लाख डॉलर हो गया है, लेकिन कंपनी इसे 8 लाख डॉलर में बेच देती है, तो कंपनी इस संपत्ति की बिक्री पर 3 लाख डॉलर का मुनाफ़ा दिखाएगी। इसी तरह, यदि इमारत 4 लाख डॉलर में बिकती है, तो कंपनी 1 लाख डॉलर का घाटा दिखाएगी।

यही बात 'अन्य' वाली प्रविष्टि पर भी लागू होती है। यह वह जगह है, जहाँ नॉन-ऑपरेटिंग (ग़ैर-परिचालन), असामान्य और कभी-कभार होने वाली आय व व्यय की घटनाओं को दिखाया जाता है और इनकम स्टेटमेंट में दर्ज किया जाता है। ऐसी घटनाओं में प्रॉपर्टी, प्लांट और मशीनों जैसी अचल संपत्तियों की बिक्री शामिल होगी। 'अन्य' के अंतर्गत लाइसेंसिंग समझौते और पेटेंट की बिक्री भी शामिल होगी, यदि उन्हें व्यवसाय के सामान्य संदर्भ से बाहर माना गया हो।

कभी-कभी ये नॉन-रेकरिंग यानी ग़ैर-आवर्ती घटनाएँ किसी कंपनी की लाभप्रदता में उल्लेखनीय वृद्धि कर सकती हैं। चूँकि ये घटनाएँ नियमित नहीं हैं, इसलिए वॉरेन का मानना है कि कंपनी के पास स्थायी प्रतिस्पर्धी लाभ है या नहीं, यह निर्धारित करने के लिए उन्हें कंपनी की शुद्ध आय की गणना में शामिल नहीं करना चाहिए।

अध्याय 17

कर-पूर्व आय : वह संख्या, जिसका वॉरेन इस्तेमाल करते हैं

इनकम स्टेटमेंट

(\$ मिलियन में)

	परिचालन व्यय	
	बिक्री, सामान्य और प्रशासन	\$2,100
	अनुसंधान और विकास	1,000
	मूल्यह्रास	700
	परिचालन लाभ	3,200
	ब्याज व्यय	200
	लाभ (हानि) बिक्री संपत्ति	1,275
	अन्य	225
→	कर से पहले आय	\$1,500

'कर-पूर्व आय' कंपनी की वह आय है, जो सभी ख़र्च घटाने के बाद बचती है, बस इस पर टैक्स चुकाना बाक़ी रहता है। वॉरेन इस संख्या का उपयोग उस मुनाफ़े की गणना करते समय करते हैं, जो उन्हें पूरी कंपनी या उसके शेयर ख़रीदने पर मिलेगा।

कर-मुक्त निवेश के अपवाद को छोड़ दें, तो निवेश के सभी विज्ञापनों में कर-पूर्व मुनाफ़े को ही आधार बनाया जाता है। चूँकि सभी निवेश एक-दूसरे से प्रतिस्पर्धा करते हैं, इसलिए इस समान पैमाने पर उनकी तुलना आसान हो जाती है।

जब वॉरेन ने वॉशिंगटन पब्लिक पॉवर सप्लाई सिस्टम (डब्ल्यूपीपीएसएस) में 139 मिलियन डॉलर मूल्य के कर-मुक्त बॉन्ड ख़रीदे, तो उन्हें 22.7 मिलियन डॉलर का कर-मुक्त वार्षिक ब्याज मिला। उन्होंने तर्क दिया कि टैक्स के बाद 22 मिलियन डॉलर कमाना वैसा ही है, जैसा कि टैक्स से पहले 45 मिलियन डॉलर कमाना। कर-पूर्व 45 मिलियन डॉलर कमाने वाली कंपनी खोजने में उन्हें 250 मिलियन डॉलर से 300 मिलियन डॉलर तक की लागत आएगी। इस प्रकार, उन्होंने डब्ल्यूपीपीएसएस बॉन्ड को एक कंपनी के रूप में देखा, जिसे वह समान अर्थशास्त्र वाली कंपनियों से आधे भाव पर ख़रीद रहे थे।

वॉरन जब भी कंपनी के मुनाफ़े की बात करते हैं, हमेशा कर-पूर्व मुनाफ़े की ही बात करते हैं। इससे वह किसी कंपनी या निवेश की तुलना दूसरे निवेशों से आसानी से कर सकते हैं। यह उनके इस रहस्य का आधार भी है कि स्थायी प्रतिस्पर्धी लाभ वाली कंपनी वास्तव में एक प्रकार का 'इक्विटी बॉन्ड' है, जिसके कूपन रेट या ब्याज दर का विस्तार हो रहा है। हम पुस्तक के अंत में उनके 'इक्विटी बॉन्ड' के सिद्धांत के बारे में अधिक विस्तार से पता लगाएँगे।

अध्याय 18

आयकर का भुगतान : वॉरेन कैसे जानते हैं कि कौन सच बोल रहा है

इनकम स्टेटमेंट	
($ मिलियन में)	
परिचालन व्यय	
बिक्री, सामान्य और प्रशासन	$2,100
अनुसंधान और विकास	1,000
मूल्यह्रास	700
परिचालन लाभ	3,200
ब्याज व्यय	200
लाभ (हानि) बिक्री संपत्ति	1,275
अन्य	225
कर से पहले आय	1,500
→ आयकर भुगतान	$525

प्रत्येक व्यक्तिगत करदाता की तरह ही अमेरिकी कंपनियों को भी अपनी आय पर कर देना पड़ता है। आज अमेरिका में आयकर की

दर लगभग 35 प्रतिशत है। जब करों का भुगतान किया जाता है, तो उन्हें इनकम स्टेटमेंट में 'आयकर का भुगतान' शीर्षक के तहत दर्ज किया जाता है।

अब आयकर के भुगतान के बारे में दिलचस्प बात यह है कि यह आँकड़ा बता देता है कि कंपनी की वास्तविक कर-पूर्व आय कितनी है। कभी-कभार कंपनियाँ दुनिया को वास्तविकता से ज़्यादा आय दिखाने की फिराक़ में रहती हैं, (चौंकाने वाला, है ना?) लेकिन आयकर का भुगतान हमें बता देता है कि वे सच बोल रहे हैं या नहीं। एसईसी में कंपनी द्वारा फ़ाइल किए हुए दस्तावेज़ देखें, जिससे आपको पता चल जाएगा कि कंपनी कितना आयकर दे रही है। उसकी कर-पूर्व आय की संख्या का 35 प्रतिशत निकालें। यदि कंपनी ने आयकर के रूप में इतनी राशि नहीं दिखाई है, तो बेहतर होगा कि हम कुछ प्रश्न पूछना शुरू कर दें।

वॉरेन ने इतने वर्षों में यह सीख लिया है कि जो कंपनियाँ आयकर विभाग को गुमराह करने में व्यस्त रहती हैं, वे आम तौर पर अपने शेयरधारकों को भी गुमराह करने में कड़ी मेहनत करती हैं। दीर्घकालीन प्रतिस्पर्धात्मक लाभ वाली कंपनी की ख़ूबसूरती यह है कि वह इतने ज़्यादा पैसे कमाती है कि उसे अच्छा दिखने के लिए किसी को गुमराह करने की ज़रूरत नहीं पड़ती।

अध्याय 19

शुद्ध आय : जिसकी वॉरेन को तलाश रहती है

इनकम स्टेटमेंट	
($ मिलियन में)	
परिचालन व्यय	
बिक्री, सामान्य और प्रशासन	$2,100
अनुसंधान और विकास	1,000
मूल्यह्रास	700
परिचालन लाभ	3,200
ब्याज व्यय	200
लाभ (हानि) बिक्री संपत्ति	1,275
अन्य	225
कर से पहले आय	1,500
आयकर भुगतान	525
→ शुद्ध आय	$975

जब कंपनी की आय में से सभी ख़र्च और कर घटा दिए जाते हैं, तो जो बचता है, वह कंपनी की शुद्ध आय (मुनाफ़ा) होता है। यह वह

जगह है, जहाँ हमें पता चलता है कि कंपनी ने आयकर चुकाने के बाद कितना पैसा कमाया। वॉरेन इस संख्या पर कुछ अवधारणाओं का उपयोग करके तय करते हैं कि कंपनी के पास स्थायी प्रतिस्पर्धी लाभ है या नहीं, तो फिर हम भी यहीं से शुरू क्यों न करें?

वॉरेन सबसे पहले तो यह देखते हैं कि शुद्ध आय की ऐतिहासिक दिशा ऊपर की ओर है या नहीं। शुद्ध आय की एक वर्ष की प्रविष्टि वॉरेन के लिए निरर्थक है, उनकी दिलचस्पी तो इस बात में है कि शुद्ध आय या मुनाफ़े की तसवीर साल दर साल स्थिरता दिखा रही है या नहीं और क्या दीर्घकालीन रुझान/दिशा ऊपर की तरफ़ है। इन दोनों की तुलना प्रतिस्पर्धात्मक लाभ के 'स्थायित्व' से की जा सकती है। वॉरेन सिर्फ़ औसत या समतल रुझान नहीं देखना चाहते। वह तो ऐतिहासिक दृष्टि से ऊपर की ओर रुझान देखना चाहते हैं।

लेकिन ध्यान दें : शेयर बाइबैक योजनाओं के कारण ऐसा भी हो सकता है कि किसी कंपनी की शुद्ध आय (मुनाफ़े) की ऐतिहासिक प्रवृत्ति उसके ईपीएस की ऐतिहासिक प्रवृत्ति से अलग हो। शेयर बाइबैक योजनाएँ कंपनी के शेयरों की संख्या घटा देंगी, जिससे इसका ईपीएस बढ़ जाएगा। यदि कोई कंपनी अपने आउटस्टैंडिंग शेयरों की संख्या कम कर देती है, तो इससे कंपनी की शुद्ध आय को विभाजित करने वाले शेयरों की संख्या कम हो जाएगी, जिस वजह से प्रति शेयर आय यानी ईपीएस बढ़ जाती है, भले ही वास्तविक शुद्ध आय में वृद्धि न हुई हो। चरम उदाहरणों में कंपनी की शेयर बाइबैक योजना ईपीएस में वृद्धि का कारण भी बन सकती है, भले ही कंपनी की शुद्ध आय में कमी आई हो।

हालाँकि अधिकांश वित्तीय विश्लेषण कंपनी के ईपीएस पर केंद्रित होते हैं, लेकिन वॉरेन उस कंपनी की शुद्ध आय को देखते हैं, ताकि उन्हें पता चल सके कि वास्तव में क्या चल रहा है।

उन्होंने जो सीखा है, वह यह है कि स्थायी प्रतिस्पर्धी लाभ वाली कंपनियाँ अपने प्रतिस्पर्धियों की तुलना में कुल आय का अधिक प्रतिशत हिस्सा शुद्ध आय के रूप में कमाती हैं। वॉरेन का कहना है कि अगर उनके सामने 10 अरब डॉलर की सकल आय पर 2 अरब डॉलर की शुद्ध आय कमाने वाली कंपनी का मालिक होने या 100 अरब डॉलर की सकल आय

पर 5 अरब डॉलर की शुद्ध आय कमाने वाली कंपनी का मालिक होने का विकल्प रखा जाए, तो वह 2 अरब डॉलर मुनाफ़ा कमाने वाली कंपनी को चुनेंगे। ऐसा इसलिए है, क्योंकि 2 अरब डॉलर वाली कंपनी सकल आय पर 20 प्रतिशत कमा रही है, जबकि 5 अरब डॉलर वाली कंपनी सकल आय पर केवल 5 प्रतिशत कमा रही है।

इसलिए हालाँकि सकल आय का आँकड़ा अकेले में हमें उस कंपनी के अर्थशास्त्र के बारे में बहुत कम बता सकता है, लेकिन नेट प्रॉफ़िट से इसका अनुपात हमें अन्य कंपनियों की तुलना में उस कंपनी के अर्थशास्त्र के बारे में बहुत कुछ बता सकता है।

कोका-कोला जैसा शानदार व्यवसाय सकल आय पर 21 प्रतिशत मुनाफ़ा कमाता है, और अद्‌भुत मूडीज़ 31 प्रतिशत कमाता है, जो इन कंपनियों के बेहतर अंतर्निहित व्यावसायिक अर्थशास्त्र को दर्शाता है, लेकिन साउथवेस्ट एयरलाइंस जैसी कंपनी केवल 7 प्रतिशत मुनाफ़ा कमाती है, जो एयरलाइन व्यवसाय की अत्यधिक प्रतिस्पर्धी प्रकृति को दर्शाता है, जिसमें कोई भी एयरलाइन अपने साथियों पर दीर्घकालीन प्रतिस्पर्धात्मक लाभ नहीं रखती है। इसके विपरीत, जनरल मोटर्स एक अच्छे वर्ष में भी - जब उसे पैसे का घाटा न हो रहा हो - सकल आय पर केवल 3 प्रतिशत कमा पाती है। यह अति-प्रतिस्पर्धी ऑटो उद्योग में निहित घटिया अर्थशास्त्र का संकेत है।

एक सरल नियम यह है (और कुछ अपवाद भी हैं) कि यदि कोई कंपनी सकल आय पर 20 प्रतिशत से अधिक की शुद्ध आय का इतिहास दिखा रही है, तो वास्तव में इस बात की काफ़ी अच्छी संभावना है कि उसे किसी न किसी प्रकार का दीर्घकालीन प्रतिस्पर्धात्मक लाभ हो रहा है। इसी तरह, यदि कोई कंपनी लगातार सकल आय पर 10 प्रतिशत से कम शुद्ध आय दिखा रही है, तो इसके अत्यधिक प्रतिस्पर्धी व्यवसाय में होने की अधिक संभावना है, जहाँ किसी भी कंपनी के पास कोई स्थायी प्रतिस्पर्धी लाभ नहीं है। यह निश्चित रूप से सकल आय पर 10 प्रतिशत से 20 प्रतिशत के बीच शुद्ध आय (मुनाफ़ा) कमाने वाली कंपनियों का एक बड़ा दायरा छोड़ देता है, जहाँ दीर्घकालीन निवेश-स्वर्ण की खुदाई

के लिए काफ़ी संभावना भरी कंपनियाँ मौजूद हैं, जिन्हें अभी तक किसी ने नहीं खोजा है।

बैंक और वित्तीय कंपनियाँ इस नियम की अपवाद हैं, क्योंकि वहाँ सकल आय के मुक़ाबले शुद्ध आय का असामान्य रूप से उच्च अनुपात आम तौर पर जोखिम प्रबंधन विभाग में सुस्ती को दर्शाता है, हालाँकि आँकड़े आकर्षक लगते हैं, लेकिन वे दरअसल आसान पैसे के लिए ज़्यादा जोखिम लेने का संकेत देते हैं, जो पैसे उधार देने के खेल में आम तौर पर दीर्घकालीन आपदा की क़ीमत पर फटाफट पैसे बनाने का नुस्ख़ा है। और जैसा हम सभी जानते हैं, वित्तीय आपदाओं से कोई अमीर नहीं बनता।

अध्याय 20

प्रति शेयर आय (ईपीएस) : वॉरेन विजेताओं को पराजितों से कैसे अलग करते हैं

प्रति शेयर आय संबंधित समयावधि में हर शेयर पर कमाई गई कंपनी की शुद्ध आय या मुनाफ़ा है। निवेश की दुनिया में ईपीएस को काफ़ी महत्त्व दिया जाता है, क्योंकि मोटा नियम यह है कि कंपनी प्रति शेयर जितना अधिक कमाती है, उसके शेयर की क़ीमत उतनी ही अधिक होती है। कंपनी की प्रति शेयर आय (ईपीएस) निकालने के लिए हम कंपनी द्वारा अर्जित शुद्ध आय की राशि लेते हैं और इसे उसके शेयरों की संख्या से विभाजित करते हैं। उदाहरण के तौर पर, यदि किसी कंपनी की वर्षभर की शुद्ध आय (मुनाफ़ा) 10 मिलियन डॉलर थी और इसके कुल 1 मिलियन शेयर हैं, तो उस वर्ष की प्रति शेयर आय (ईपीएस) 10 डॉलर होगी।

हालाँकि किसी भी वर्ष के ईपीएस का उपयोग स्थायी प्रतिस्पर्धी लाभ वाली कंपनी की पहचान करने के लिए नहीं किया जा सकता है, लेकिन दस साल की अवधि के प्रति शेयर आय (ईपीएस) के आँकड़े हमें एक बहुत स्पष्ट तसवीर दे सकते हैं कि क्या कंपनी के पक्ष में किसी तरह का दीर्घकालीन प्रतिस्पर्धी लाभ काम कर रहा है। वॉरेन दस वर्ष की अवधि में ईपीएस की ऐसी तसवीर देखना चाहते हैं, जो निरंतरता और ऊपर की तरफ़ रुझान दिखाती हो।

जो कुछ ऐसी दिखती है :

08	$2.95
07	$2.68
06	$2.37
05	$2.17
04	$2.06
03	$1.95
02	$1.65
01	$1.60
00	$1.48
99	$1.30
98	$1.42

इससे वॉरेन समझ जाते हैं कि कंपनी की आय निरंतर है, जिसमें ऊपर की ओर का दीर्घकालीन रुझान दिख रहा है। यह इस बात का उत्कृष्ट संकेत है कि इस कंपनी के पक्ष में किसी तरह का दीर्घकालीन प्रतिस्पर्धी लाभ काम कर रहा है। निरंतर मुनाफ़े का मतलब यह है कि कंपनी ऐसे प्रॉडक्ट बेच रही है, जिन्हें परिवर्तन की महँगी प्रक्रिया से नहीं गुज़रना होगा। शुद्ध आय यानी मुनाफ़े में लगातार ऊपर के रुझान का अर्थ है कि कंपनी का अर्थशास्त्र इतना शक्तिशाली है कि यह विज्ञापन देकर अपना मार्केट शेयर बढ़ा सकती है या अपने व्यवसाय का विस्तार कर सकती है या फिर अपने शेयरों का बाइबैक कर सकती है।

जिन कंपनियों से वॉरेन दूर रहते हैं, उनकी शुद्ध आय यानी मुनाफ़े की गड़बड़ तसवीर कुछ इस तरह दिखती है :

08	\$2.50
07	\$(0.45) घाटा
06	\$3.89
05	\$(6.05) घाटा
04	\$6.39
03	\$5.03
02	\$3.35
01	\$1.77
00	\$6.68
99	\$8.53
98	\$5.24

इसमें नीचे की तरफ़ का रुझान दिखता है, जिसमें बीच-बीच में घाटा भी होता रहता है। इससे वॉरेन समझ जाते हैं कि यह कंपनी किसी बेहद प्रतिस्पर्धी उद्योग में है, जिसमें निरंतरता के बजाय अचानक उछाल और गिरावट की प्रवृत्ति है। उछाल (बूम) दिखाता है कि माँग पूर्ति से ज़्यादा है, लेकिन जब माँग ज़्यादा हो जाती है, तो माँग पूरी करने के लिए कंपनी उत्पादन बढ़ाती है, जिससे लागत बढ़ती है और अंतत: उद्योग में आपूर्ति ज़्यादा हो जाती है। अत्यधिक आपूर्ति की वजह से भाव गिरने लगते हैं, जिसका मतलब है कि कंपनी तब तक घाटे में ही चलती है, जब तक कि अगला उछाल नहीं आता। इस तरह की हज़ारों कंपनियाँ हैं और उनके शेयरों के भाव में बहुत ज़्यादा उतार-चढ़ाव होते हैं। ये उतार-चढ़ाव कंपनी की हर साल की डाँवाडोल आमदनी से उत्पन्न होते हैं, जिससे उछाल के वर्षों में पारंपरिक वैल्यू इनवेस्टर इसे ख़रीदने का अवसर मानने का भ्रम पाल लेते हैं, लेकिन जो वे ख़रीद रहे होते हैं, वह दरअसल निवेशकों के लिए एक लंबी, धीमी नाव है, जो उन्हें कहीं नहीं ले जाएगी।

बैलेंस शीट

"ज़्यादातर व्यवसायों और ज़्यादातर व्यक्तियों के साथ एक चीज़ जो आपको मिलेगी – जो दिलचस्प है और जिसके बारे में लोग पर्याप्त नहीं सोचते हैं – वह यह है कि जीवन आपकी सबसे कमज़ोर कड़ी पर हमला करता है। मेरे अनुभव में दो सबसे बड़ी कमज़ोर कड़ियाँ हैं : मैंने शराब और लीवरेज़ के कारण ज़्यादातर लोगों को असफल होते देखा है – लीवरेज़ का मतलब उधार लिया हुआ पैसा है।

– वॉरेन बफ़ेट

अध्याय 21

बैंलेंस शीट क्या है?

जब वॉरेन यह पता लगाने की कोशिश करते हैं कि किसी कंपनी के पास स्थायी प्रतिस्पर्धी लाभ है या नहीं, तो सबसे शुरुआती चीज़ों में से एक वह यह देखते हैं कि कंपनी के पास कितनी संपत्ति है – नक़दी और प्रॉपर्टी, फिर वह देखते हैं कि वेंडर्स, बैंकों और बॉन्डधारकों का कितना पैसा कंपनी को चुकाना है। संपत्तियों और देनदारियों दोनों को एक नज़र में देखने के लिए वह बैलेंस शीट पर ग़ौर करते हैं।

इनकम स्टेटमेंट के विपरीत बैलेंस शीट केवल एक निर्धारित तिथि की होती है। वर्ष या तिमाही की बैलेंस शीट जैसी कोई चीज़ नहीं होती। हम वर्ष के किसी भी दिन की बैलेंस शीट बना सकते हैं, लेकिन यह केवल उस निश्चित दिन की स्थिति ही बताएगी। किसी कंपनी का अकाउंटिंग विभाग प्रत्येक वित्तीय तिमाही के अंत में एक बैलेंस शीट तैयार करता है। इसे उस ख़ास तारीख़ को कंपनी की वित्तीय स्थिति की तसवीर मानें, जब बैलेंस शीट तैयार की गई थी।

बैलेंस शीट को दो भागों में विभाजित किया जाता है : पहले हिस्से में सभी संपत्तियाँ आती हैं। कई अलग-अलग प्रकार की संपत्तियाँ होती हैं। इनमें नक़दी, रिसीवेबल्स (लेनदारियाँ), इन्वेंट्री (तैयार सामान का स्टॉक), प्रॉपर्टी (जायदाद), कारख़ाने और मशीनें शामिल हैं।

बैलेंस शीट के दूसरे हिस्से में लाएबिलिटीज़ यानी देनदारियाँ और शेयरधारक इक्विटी आती हैं।

देनदारियों के अंतर्गत हमें दो अलग-अलग श्रेणियाँ मिलती हैं : करेंट लाएबिलिटीज़ यानी चालू देनदारियाँ और दीर्घकालीन देनदारियाँ। 'करेंट यानी चालू लाएबिलिटीज़' का अर्थ वह धन है, जो उस वर्ष के भीतर चुकाया जाना है, जिसमें देनदारी खाते, उपार्जित व्यय, अल्पावधि ऋण और दीर्घावधि ऋण शामिल हैं।

दीर्घकालीन देनदारियाँ वे होती हैं, जिन्हें एक वर्ष या उससे अधिक समय में देना है। इनमें उन वेंडर्स का बकाया पैसा शामिल होता है, जिनसे कंपनी ने सामान लिया था, वह आयकर जो कंपनी ने नहीं चुकाया, बैंक ऋण और बॉन्ड ऋण आदि।

स्थायी प्रतिस्पर्धी लाभ वाली कंपनियों की खोज में वॉरेन संपत्तियों और देनदारियों की प्रत्येक श्रेणी में कुछ चीज़ों की तलाश करते हैं, जिनके बारे में हम इस पुस्तक में थोड़ी देर बाद पढ़ेंगे।

अब यदि हम सभी संपत्तियों में से सभी देनदारियाँ घटा दें, तो हमें व्यवसाय का शुद्ध मूल्य यानी नेट वर्थ मिल जाती है, जो शेयरधारकों की इक्विटी के समान होती है। उदाहरण के तौर पर, यदि व्यवसाय में 1 लाख डॉलर की संपत्तियाँ हैं और 25,000 डॉलर की देनदारियाँ हैं, तो उस व्यवसाय की नेट वर्थ या शेयरहोल्डर्स इक्विटी 75,000 डॉलर होगी, लेकिन यदि व्यवसाय में 1 लाख डॉलर की संपत्तियाँ हैं और 1,75,000 डॉलर की देनदारियाँ हैं, तो इसकी नेट वर्थ नकारात्मक होगी यानी शेयरहोल्डर्स इक्विटी भी नकारात्मक 75,000 डॉलर होगी।

संपत्तियाँ - देनदारियाँ = नेट वर्थ या शेयरहोल्डर्स इक्विटी

ठीक है, हम बैलेंस शीट की प्रस्तावना यहीं समाप्त करते हैं। आइए, आगे बढ़ें और देखें कि वॉरेन बैलेंस शीट और इसकी सभी उपश्रेणियों का इस्तेमाल ऐसी कंपनी खोजने के लिए कैसे करते हैं, जिसके पास इसके प्रतिस्पर्धियों की तुलना में स्थायी प्रतिस्पर्धी लाभ हो।

बैलेंस शीट

($ मिलियन में)

संपत्तियाँ	
नक़द और अल्पकालिक निवेश	$4,208
कुल इन्वेंट्री	2,220
कुल प्राप्य, नेट	3,317
पूर्वदत्त व्यय	2,260
अन्य चालू संपत्तियाँ, कुल	0
कुल चालू संपत्तियाँ	12,005
संपत्ति/संयंत्र/उपकरण	8,493
गुडविल, नेट	4,246
अमूर्त, नेट	7,863
दीर्घकालिक निवेश	7,777
अन्य दीर्घकालिक संपत्तियाँ	2,675
अन्य संपत्तियाँ	0
कुल संपत्तियाँ	$43,059

देनदारियाँ	
देनदारी खाते	$1,380
उपार्जित व्यय	5,535
अल्पकालिक ऋण	5,919
दीर्घकालिक ऋण देय	133
अन्य चालू देनदारियाँ	258
कुल वर्तमान देनदारियाँ	13,225
दीर्घकालिक ऋण	3,277
डेफ़र्ड आयकर	1,890
माइनॉरिटी इन्ट्रेस्ट	0
अन्य देनदारियाँ	3,133
कुल देनदारियाँ	21,525
शेयरधारकों की इक्विटी	
प्रिफ़र्ड स्टॉक	0
कॉमन स्टॉक	1,296
अतिरिक्त भुगतान की गई पूँजी	7,378
रिटेन्ड आय	36,235
ट्रेज़री स्टॉक-कॉमन	−23,375
कुल शेयरधारकों की इक्विटी	21,534
कुल देनदारियाँ और शेयरधारकों की इक्विटी	$43,059

अध्याय 22

संपत्तियाँ (एसेट्स)

बैलेंस शीट

($ मिलियन में)

नक़द और अल्पकालिक निवेश	$4,208
कुल इन्वेंट्री	2,220
कुल प्राप्य, नेट	3,317
पूर्वदत्त व्यय	2,260
अन्य चालू संपत्तियाँ, कुल	0
कुल चालू संपत्तियाँ	12,005
संपत्ति/संयंत्र/उपकरण	8,493
गुडविल, नेट	4,246
अमूर्त, नेट	7,863
दीर्घकालिक निवेश	7,777
अन्य दीर्घकालिक संपत्तियाँ	2,675
अन्य संपत्तियाँ	0
कुल संपत्तियाँ	$43,059

यह वह जगह है, जहाँ सारी अच्छी चीज़ें रखी जाती हैं : नक़दी, कारख़ाने और मशीनें, पेटेंट और वे सभी चीज़ें, जो दौलत मानी जाती हैं। वे सभी कंपनी की बैलेंस शीट में एसेट्स यानी संपत्ति शीर्ष में पाई जाती हैं।

बैलेंस शीट में अकाउंटेंट्स ने बहुत समय पहले कंपनी की संपत्तियों को दो विशिष्ट समूहों में विभाजित किया था : करेंट एसेट्स (चालू संपत्तियाँ) और अन्य सभी संपत्तियाँ।

करेंट एसेट्स (चालू संपत्तियाँ) में ये चीज़ें शामिल होती हैं : 'कैश ऐंड कैश इक्विवेलेंट्स'(नक़दी और नक़दी समकक्ष), 'अल्पकालिक निवेश,' 'नेट रिसीवेबल्स (शुद्ध लेनदारियाँ)', 'इन्वेंट्री' और 'अदर एसेट्स' (अन्य संपत्तियाँ कहा जाने वाला एक जनरल स्लश फ़ंड)। इन्हें करेंट एसेट्स इसलिए कहा जाता है, क्योंकि ये या तो नक़द पैसे हैं, या इन्हें बहुत ही कम समय में (आम तौर पर एक वर्ष के भीतर) नक़दी में बदला जा सकता है या बदला जाएगा। सामान्य नियम यह है कि करेंट एसेट्स को उनकी लिक्विडिटी (जिसका अर्थ है कि उन्हें कितनी जल्दी नक़दी में बदला जा सकता है) के क्रम में बैलेंस शीट में सूचीबद्ध किया जाता है। ऐतिहासिक दृष्टि से, करेंट एसेट्स को त्वरित, तरल या फ़्लोटिंग संपत्ति भी कहा जाता है। उनके बारे में महत्त्वपूर्ण बात यह है कि यदि कंपनी का व्यावसायिक अर्थशास्त्र कमज़ोर होने लगे और दिन-प्रतिदिन की परिचालन पूँजी के अन्य स्रोत लुप्त होने लगें, तो इन करेंट एसेट्स को नक़दी में बदलकर कंपनी का ख़र्च चलाया जा सकता है। (अगर आप परिचालन पूँजी के स्रोतों के रातों-रात ग़ायब होने की कल्पना नहीं कर सकते हैं, तो बस बियर स्टर्न्स के बारे में सोच लें।)

अन्य सभी संपत्तियाँ वे हैं, जो करेंट एसेट्स नहीं हैं, यानी उन्हें आने वाले वर्ष में नक़दी में नहीं बदला जाएगा या नहीं बदला जा सकता। ऐसी दीर्घकालीन संपत्तियों को करेंट एसेट्स के ठीक नीचे एक अलग श्रेणी में सूचीबद्ध किया जाता है। इस श्रेणी में दीर्घकालीन निवेश, प्रॉपर्टी, कारख़ाने और मशीनें, गुडविल, अमूर्त संपत्ति, संचित ऐमर्टिज़ेशन, अन्य संपत्तियाँ और डेफ़र्ड लॉन्ग-टर्म एसेट चार्जेस शामिल हैं।

इन दोनों प्रकार की संपत्तियों का योग कंपनी की कुल संपत्ति बताता है। व्यक्तिगत और सामूहिक रूप से, अपनी गुणवत्ता और मात्रा के माध्यम से ये संपत्तियाँ वॉरेन को उस कंपनी के आर्थिक चरित्र के बारे में बहुत सी बातें बता देती हैं। वे यह भी बताती हैं कि कंपनी के पास प्रतिष्ठित स्थायी प्रतिस्पर्धी लाभ है या नहीं, जो आगे चलकर वॉरेन को बेहद अमीर बनाएगा।

यही कारण है कि हम अगले कुछ अध्यायों में संपत्तियों की अलग-अलग श्रेणियों पर चर्चा करेंगे और यह भी देखेंगे कि वॉरेन उनका उपयोग करके स्थायी प्रतिस्पर्धी लाभ वाली कंपनी को कैसे पहचानते हैं।

तो आइए, इन श्रेणियों पर एक नज़र डालकर देखते हैं कि हम उनका व्यक्तिगत और सामूहिक उपयोग ऐसे असाधारण व्यवसाय को पहचानने के लिए कैसे कर सकते हैं, जिसके पक्ष में दीर्घकालीन प्रतिस्पर्धी लाभ काम कर रहा हो।

अध्याय 23

करेंट एसेट साइकल (चालू संपत्ति चक्र) : पैसा कैसे कमाया जाता है

बैलेंस शीट/ एसेट्स

($ मिलियन में)

→ नक़द और अल्पकालिक निवेश	$4,208
→ कुल इन्वेंट्री	2,220
→ कुल प्राप्य, नेट	3,317
पूर्वदत्त व्यय	2,260
अन्य चालू संपत्तियाँ, कुल	0
कुल चालू संपत्तियाँ	$12,005

चालू संपत्तियों को व्यवसाय की 'कामकाजी संपत्ति' के रूप में भी जाना जाता है, क्योंकि वे इन्वेंट्री के वास्ते कच्चा माल ख़रीदने के लिए नक़दी के चक्र में हैं, फिर इन्वेंटरी वेंडर्स को बेच दी जाती है और अकाउंट्स रिसीवेबल (लेनदारियाँ) बन जाती है और जब वेंडर्स अपनी लेनदारियाँ चुका देते हैं, तो वे नक़दी में बदल जाती हैं। नक़दी – इन्वेंट्री

- अकाउंट्स रिसीवेबल - नक़दी। यह चक्र ख़ुद को बार-बार दोहराता है और इसी तरह कोई व्यवसाय पैसे कमाता है।

चालू संपत्ति चक्र के अलग-अलग तत्व वॉरेन को किसी व्यवसाय की आर्थिक प्रकृति के बारे में बहुत कुछ बता सकते हैं और यह भी बता सकते हैं कि बाज़ार में इसके पास स्थायी प्रतिस्पर्धी लाभ है या नहीं।

अध्याय 24

कैश ऐंड कैश इक्विवेलेंट्स (नक़दी और नक़दी समकक्ष) : वॉरेन का लूट का माल

बैलेंस शीट /एसेट्स	
($ मिलियन में)	
→ नक़द और अल्पकालिक निवेश	$4,208
→ कुल इन्वेंट्री	2,220
→ कुल प्राप्य, नेट	3,317
पूर्वदत्त व्यय	2,260
अन्य चालू संपत्तियाँ, कुल	0
कुल चालू संपत्तियाँ	$ 12,005

वॉरेन सबसे पहले संपत्तियों या एसेट्स को देखते हैं। इसका मतलब है कि कंपनी के पास कितनी नक़दी और कैश इक्विवेलेंट है। यह संपत्ति बिलकुल या तो नक़दी है, या फिर यह नक़दी के बराबर है, जैसे कि

बैंक में अल्पकालिक एफ़डी, तीन महीने के ट्रेज़री बॉन्ड या अन्य अत्यधिक तरल संपत्ति। नक़द या नक़द समकक्षों की ऊँची मात्रा वॉरेन को दो चीज़ों में से एक बताती है कि या तो कंपनी के पास प्रतिस्पर्धात्मक लाभ है, जो बहुत सारी नक़दी पैदा कर रहा है। यह एक अच्छी बात है, या फिर उसने अभी-अभी कोई व्यवसाय या बहुत सारे बॉन्ड बेचे हैं, जो हो सकता है कि अच्छी बात न हो। नक़दी की कमी का आम तौर पर यह मतलब होता है कि कंपनी की अर्थव्यवस्था ख़राब या औसत दर्जे की है। वास्तविक स्थिति क्या है, यह पता लगाने के लिए आइए, कैश नामक इस संपत्ति को ध्यान से देखते हैं।

कंपनियाँ परंपरागत रूप से व्यवसाय संचालन के लिए नक़दी का भंडार रखती हैं। इसे बहुत बड़ी चेकबुक के रूप में सोचें। अगर हम जितना ख़र्च कर रहे हैं, उससे ज़्यादा कमा रहे हैं, तो नक़दी जमा होने लगती है और इससे निवेश की समस्या पैदा हो जाती है कि अतिरिक्त नक़दी का क्या किया जाए। ज़ाहिर है, यह बड़ी प्यारी समस्या है।

चूँकि बैंक ख़ाते या एफ़डी में नक़दी पर ब्याज दर कम होती है, इसलिए नक़द संपत्तियों को व्यवसाय संचालन में लगाना या उनका निवेश करना बेहतर होता है, क्योंकि वहाँ मुनाफ़े की ज़्यादा ऊँची दर मिलती है। आप किसके स्वामी बनना चाहते हैं? एक अल्पकालिक एफ़डी, जो आपके निवेशित पैसे पर 4 प्रतिशत कमाएगी, या एक अपार्टमेंट हाउस, जो आपके निवेश पर 20 प्रतिशत कमाएगा? आप अपार्टमेंट हाउस ही लेंगे। यही व्यवसाय में भी होता है। पैसा दरवाज़े से अंदर आकर तिजोरी में बैठ जाता है। अगर यह परिचालन लागत के ख़र्च की तुलना में ज़्यादा मात्रा में आता है, तो इसका ढेर लगने लगता है। इस स्थिति में कंपनी को यह तय करना होगा कि वह इस ख़ज़ाने का क्या करे। पारंपरिक दृष्टि से, कंपनियाँ अपनी अधिशेष नक़दी का इस्तेमाल परिचालन का विस्तार करने, दूसरी कंपनियाँ ख़रीदने, स्टॉक मार्केट के माध्यम से आंशिक स्वामित्व वाले व्यवसायों में निवेश करने, अपने शेयरों का बाइबैक करने या शेयरहोल्डर्स को नक़द डिविडेंड देने के लिए करती हैं, लेकिन अक्सर वे इसे मुश्किल समय के लिए छुपाकर भी रख सकती हैं। हमारी लगातार बदलती और चुनौतीपूर्ण दुनिया में कोई भी कभी भी आर्थिक रूप से बहुत अधिक तैयार नहीं हो सकता।

किसी कंपनी के पास नक़दी का बड़ा भंडार बनाने के मूलतः तीन तरीक़े होते हैं। यह जनता को नए बॉन्ड या इक्विटी बेच सकती है, जिससे ढेर सारी नक़दी आती है – उपयोग में आने से पहले। यह कंपनी के स्वामित्व वाले मौजूदा व्यवसाय या अन्य संपत्तियों को भी बेच सकता है, जिससे नक़दी का भंडार भर जाता है या इसका कोई सक्रिय व्यवसाय ख़र्च होने वाली नक़दी से अधिक नक़दी उत्पन्न करता है। यह सक्रिय व्यवसाय द्वारा बनने वाला नक़दी का भंडार है, जो वास्तव में वॉरेन का ध्यान आकर्षित करता है, क्योंकि जिस कंपनी के पास सक्रिय व्यवसाय के परिणामस्वरूप नक़दी का अधिशेष होता है, प्रायः उसके पक्ष में किसी न किसी तरह का स्थायी प्रतिस्पर्धी लाभ होता है।

जब वॉरेन किसी स्थायी प्रतिस्पर्धी लाभ वाली कंपनी को देखते हैं, जो अल्पकालिक व्यावसायिक समस्या से जूझ रही है, और वॉल स्ट्रीट की अदूरदर्शिता के कारण उसके शेयरों के भाव गिर रहे हैं, तो वॉरेन कैश या विपणन योग्य प्रतिभूतियों को देखेंगे, जिन्हें कंपनी ने जमा कर रखा है, ताकि उन्हें यह पता चल सके कि क्या कंपनी के पास उन परेशानियों का सामना करने की वित्तीय शक्ति है, जिनमें वह फँस गई है।

तो नियम यह है : यदि हम बहुत अधिक नक़दी और विपणन योग्य प्रतिभूतियाँ देखते हैं और बहुत कम या शून्य ऋण देखते हैं, तो इस बात की बहुत अच्छी संभावना है कि कंपनी संकट से बाहर निकलकर आगे तरक़्क़ी करेगी, लेकिन अगर कंपनी नक़दी के लिए जूझ रही है और ऋण के पहाड़ पर बैठी है, तो शायद यह एक डूबता हुआ जहाज है, जिसे सबसे योग्य प्रबंधक भी नहीं बचा सकता।

नक़दी किस कारण से उत्पन्न हो रही है, यह देखने का एक सरल परीक्षण है : पिछले सात वर्षों की बैलेंस शीट देख लें। इससे आपको पता चल जाएगा कि क्या नक़दी का भंडार एक बार की घटना से बना था, जैसे कि यह नए बॉन्ड या शेयरों की बिक्री से, या किसी संपत्ति या व्यवसाय की बिक्री से, या फिर यह सक्रिय व्यवसाय की बदौलत बनी है। यदि हमें बहुत अधिक ऋण दिखाई देता है, तो संभवतः हम कोई असाधारण व्यवसाय नहीं देख रहे हैं, लेकिन अगर हम नक़दी का भारी भंडार देखते हैं और बहुत कम या शून्य ऋण देखते हैं; अगर हमें नए शेयरों या संपत्तियों की कोई

बिक्री नहीं दिखती है और निरंतर आय का इतिहास नज़र आता है, तो हम शायद वॉरेन के स्थायी प्रतिस्पर्धी लाभ वाले उत्कृष्ट व्यवसाय को देख रहे हैं। वॉरेन को उस तरह की कंपनी की तलाश रहती है, जो हमें लंबी अवधि में अमीर बनाए।

हमें यह नहीं भूलना चाहिए कि जब मुसीबत का समय आता है, तो नक़दी ही शहंशाह होती है, इसलिए अगर हमारे प्रतिस्पर्धियों के पास नक़दी नहीं है, लेकिन हमारे पास है, तो हम उन पर राज कर सकते हैं।

और कंपनी हो या हम, राज ही तो करना चाहते हैं।

अध्याय 25

इन्वेंट्री : कंपनी को क्या ख़रीदने की ज़रूरत है और क्या बेचने की ज़रूरत है

बैलेंस शीट/एसेट्स

($ मिलियन में)

	नक़द और अल्पकालिक निवेश	$4,208
→	कुल इन्वेंट्री	2,220
	कुल प्राप्य, नेट	3,317
	पूर्वदत्त व्यय	2,260
	अन्य चालू संपत्तियाँ, कुल	0
	कुल चालू संपत्तियाँ	$12,005

इन्वेंट्री का मतलब है कंपनी के प्रॉडक्ट्स, जिन्हें उसने वेंडरों को बेचने के लिए गोदाम में रखा है। चूँकि बैलेंस शीट हमेशा एक ख़ास दिन के लिए होती है, इसलिए इन्वेंट्री के लिए बैलेंस शीट में जो राशि दिखाई जाती है, वह उस दिन कंपनी की इन्वेंट्री का मूल्य होता है।

बहुत सारे व्यवसायों में इन्वेंट्री के पुरानी होने या अनुपयोगी पड़ने का जोखिम होता है, लेकिन जैसी हमने पहले चर्चा की है, स्थायी प्रतिस्पर्धी लाभ वाली निर्माता कंपनियों के पास एक फ़ायदा यह होता है कि उनके प्रॉडक्ट कभी नहीं बदलते हैं, इसलिए वे कभी पुराने या अनुपयोगी नहीं होते। यह एक ऐसा लाभ है, जिसे वॉरेन देखना चाहते हैं।

स्थायी प्रतिस्पर्धी लाभ वाली निर्माता कंपनी की पहचान करते समय यह तलाश करें कि इन्वेंट्री और शुद्ध मुनाफ़ा समान रूप से बढ़ रहे हों। यह इंगित करता है कि कंपनी बिक्री बढ़ाने के लाभदायक तरीक़े खोज रही है और बिक्री बढ़ाने के लिए इन्वेंट्री बढ़ाने की ज़रूरत है, ताकि कंपनी समय पर ऑर्डर पूरा कर सके।

जिन निर्माता कंपनियों की इन्वेंट्री कुछ वर्षों तक तेज़ी से बढ़ती है और फिर उतनी ही तेज़ी से नीचे गिरती है, उनके अधिक प्रतिस्पर्धी उद्योगों में फँसे होने की संभावना रहती है, जो तेज़ी-मंदी के अधीन होती हैं। और कोई भी कभी दिवालिया होकर अमीर नहीं बना।

अध्याय 26

नेट रिसीवेबल्स (शुद्ध लेनदारियाँ) : कंपनी की लेनदारी कितनी है

बैलेंस शीट /एसेट्स

($ मिलियन में)

नक़द और अल्पकालिक निवेश	$ 4,208
कुल इन्वेंट्री	2,220
→ कुल प्राप्य, नेट	3,317
पूर्वदत्त व्यय	2,260
अन्य चालू संपत्तियाँ, कुल	0
कुल चालू संपत्तियाँ	$ 12,005

जब कोई कंपनी किसी ख़रीदार को अपने प्रॉडक्ट बेचती है, तो ख़रीदने वाला या तो तुरंत पैसे दे सकता है या फिर वह प्रॉडक्ट मिलने के तीस दिन के भीतर भुगतान करने का वादा करता है। कुछ व्यवसायों में यह अवधि बहुत ज़्यादा रहती है। जहाँ नक़दी देय होती है, लेकिन अब तक आई नहीं है, ऐसी स्थिति में बिक्री को रिसीवेबल्स कहा जाता है।

यह पैसा कंपनी की लेनदारी है। सामान लेने वाले कुछ ख़रीदार बाद में पैसे नहीं दे पाते और उन्हें ख़राब ऋण कहा जाता है। इसलिए ख़राब ऋणों की अनुमानित राशि को रिसीवेबल्स से घटाया जाता है, जिससे हमें नेट रिसीवेबल्स (शुद्ध लेनदारियाँ) मिलती है।

रिसीवेबल्स – बुरे ऋण = नेट रिसीवेबल्स

नेट रिसीवेबल्स का आँकड़ा अपने आप में हमें कंपनी के दीर्घकालीन प्रतिस्पर्धी लाभ के बारे में ज़्यादा कुछ नहीं बता सकता, लेकिन यह हमें उस उद्योग की विभिन्न कंपनियों के बारे में बहुत कुछ बता सकता है। बहुत प्रतिस्पर्धी उद्योगों में कुछ कंपनियाँ भुगतान की ज़्यादा मोहलत देकर लाभ हासिल करने की कोशिश करेंगी – जैसे, 30 दिनों के बजाय वे ख़रीदारों को 120 दिन में भुगतान करने की मोहलत दे सकती हैं। इससे बिक्री बढ़ जाएगी और रिसीवेबल्स भी बढ़ जाएँगे।

यदि कोई कंपनी लगातार अपने प्रतिस्पर्धियों की तुलना में सकल बिक्री में नेट रिसीवेबल्स का कम प्रतिशत दिखा रही है, तो आमतौर पर इसके पक्ष में कुछ प्रतिस्पर्धात्मक लाभ काम कर रहे हैं, जो दूसरों के पास नहीं होते हैं।

अध्याय 27

प्रीपेड व्यय/अन्य करेंट एसेट्स (चालू संपत्तियाँ)

बैलेंस शीट /एसेट्स

($ मिलियन में)

	नक़द और अल्पकालिक निवेश	$4,208
	कुल इन्वेंट्री	2,220
	कुल प्राप्य, नेट	3,317
→	पूर्वदत्त व्यय	2,260
→	अन्य चालू संपत्तियाँ, कुल	0
	कुल चालू संपत्तियाँ	$12,005

कंपनियाँ कभी-कभी उन वस्तुओं और सेवाओं के लिए पहले से भुगतान कर देती हैं, जो उन्हें निकट भविष्य में मिलेंगी, हालाँकि उन्हें अभी तक वस्तुएँ या सेवाएँ नहीं मिली हैं। भले ही सामान या सेवाएँ अब तक प्राप्त नहीं हुई हैं, लेकिन उनके लिए भुगतान कर देने के बाद वे व्यवसाय की संपत्तियों में शामिल हो जाती हैं। उन्हें प्रीपेड व्ययों के अंतर्गत

चालू संपत्ति यानी करेंट एसेट्स के रूप में दर्ज किया जाता है। आने वाले वर्ष के बीमा प्रीमियम का अग्रिम भुगतान ऐसा ही प्रीपेड व्यय होगा। प्रीपेड व्यय हमें कंपनी की प्रकृति के बारे में बहुत कम जानकारी देते हैं, न ही वे यह बताते हैं कि क्या इसके पास स्थायी प्रतिस्पर्धी लाभ है।

अन्य करेंट एसेट्स ग़ैर-नक़द संपत्तियाँ हैं, जो आगामी वर्ष के भीतर मिलने वाली हैं, लेकिन अभी तक कंपनी के हाथों में नहीं आई हैं। इनमें विलंबित आयकर वसूली जैसी चीज़ें शामिल हैं, जो आगामी वर्ष में मिलने वाली हैं, लेकिन अभी तक नक़दी कंपनी की तिजोरी में नहीं पहुँची है।

अध्याय 28

सकल करेंट एसेट्स और करेंट रेशो

बैलेंस शीट/एसेट्स

($ मिलियन में)

नक़द और अल्पकालिक निवेश	$4,208
कुल इन्वेंट्री	2,220
कुल प्राप्य, नेट	3,317
पूर्वदत्त व्यय	2,260
अन्य चालू संपत्तियाँ, कुल	0
→ कुल चालू संपत्तियाँ	$ 12,005

सकल करेंट एसेट्स (चालू संपत्तियाँ) एक ऐसी संख्या है, जिसने लंबे समय से वित्तीय विश्लेषण में महत्त्वपूर्ण भूमिका निभाई है। विश्लेषकों का पारंपरिक तर्क यह है कि किसी कंपनी की वर्तमान देनदारियों को उसकी वर्तमान संपत्तियों से घटाने से उन्हें पता चल जाता है कि क्या कंपनी अपने अल्पकालिक ऋण दायित्वों को पूरा कर सकती है। उन्होंने करेंट रेशो (चालू

अनुपात) विकसित किया, जो वर्तमान संपत्तियों को वर्तमान देनदारियों से विभाजित करके प्राप्त किया जाता है। यह अनुपात जितना अधिक होगा, कंपनी उतनी ही अधिक तरल (लिक्विड) होगी। एक से अधिक का करेंट रेशो अच्छा माना जाता है, और एक से नीचे का बुरा। यदि करेंट रेशो एक से कम है, तो यह माना जाता है कि कंपनी को अपने लेनदारों को पैसे चुकाने में अल्पकाल में कठिनाई आ सकती है।

स्थायी प्रतिस्पर्धी लाभ वाली बहुत सी कंपनियों के बारे में मज़ेदार बात यह है कि अक्सर उनका करेंट रेशो एक की जादुई संख्या से कम होता है। मूडीज़ का करेंट रेशो 0.64 है, कोका-कोला का 0.95 है, प्रॉक्टर ऐंड गैम्बल का 0.82 है, और अनहेसर-बुश का 0.88 है। अकाउंटिंग के पुराने दृष्टिकोण से इसका मतलब यह है कि इन कंपनियों को वर्तमान देनदारियाँ चुकाने में मुश्किल आ सकती है, लेकिन वास्तविकता भिन्न है। दरअसल, इन कंपनियों की कमाई की शक्ति इतनी मज़बूत है कि वे अपनी वर्तमान देनदारियाँ आसानी से चुका सकती हैं। इसके अलावा, अगर उन्हें अतिरिक्त अल्पकालिक नक़दी की आवश्यकता हो, तो कमाई की ज़बरदस्त शक्ति के फलस्वरूप इन कंपनियों को सस्ते, अल्पकालिक कमर्शियल पेपर मार्केट का दोहन करने में कोई समस्या नहीं होती है।

अपनी ज़बरदस्त आय शक्ति के कारण ये कंपनियाँ उदारता से डिविडेंड दे सकती हैं और स्टॉक का बाइबैक कर सकती हैं। इन दोनों की वजह से कैश रिज़र्व्ज़ कम हो जाते हैं और उनका करेंट रेशो एक से नीचे आ जाता है, लेकिन स्थायी प्रतिस्पर्धी लाभ की बदौलत उनकी आय शक्ति की स्थिरता ही है, जो यह सुनिश्चित करती है कि वे अपनी वर्तमान देनदारियों का भुगतान कर देती हैं और व्यापार चक्र व मंदी के उतार-चढ़ाव का शिकार नहीं होतीं।

संक्षेप में, स्थायी प्रतिस्पर्धी लाभ वाली कई कंपनियों का करेंट रेशो एक से कम होता है। ऐसी कंपनियाँ एक विसंगति पैदा करती हैं, जो करेंट रेशो को इस बात के पैमाने के रूप में लगभग विफल कर देता है, जिससे हमें यह पहचानने में मदद मिलती है कि किसी कंपनी के पास स्थायी प्रतिस्पर्धी लाभ है या नहीं।

अध्याय 29

प्रॉपर्टी, प्लांट और मशीनें : इनका न होना वॉरेन को अच्छा लगता है

बैलेंस शीट/एसेट्स	
($ मिलियन में)	
कुल चालू संपत्तियाँ	$ 12,005
→ संपत्ति/संयंत्र/उपकरण	8,493
गुडविल, नेट	4,246
अमूर्त, नेट	7,863
दीर्घकालिक निवेश	7,777
अन्य दीर्घकालिक संपत्तियाँ	2,675
अन्य संपत्तियाँ	0
कुल संपत्तियाँ	$ 43,059

किसी कंपनी की प्रॉपर्टी, इसके उत्पादन कारख़ाने और मशीनों का सामूहिक मूल्य बैलेंस शीट में संपत्ति के रूप में बताया जाता

है। बैलेंस शीट में उन्हें उनकी मूल लागत पर दिखाया जाता है, जिसमें से संचित डेप्रिसिएशन घटता रहता है। डेप्रिसिएशन तब होता है, जब कारख़ाने और मशीनें धीरे-धीरे ख़राब हो जाती हैं। हर साल कारख़ाने और उपकरण के मूल्य में से थोड़ा मूल्य घटाया जाता है।

जिन कंपनियों के पास दीर्घकालीन प्रतिस्पर्धात्मक लाभ नहीं है, उन्हें निरंतर प्रतिस्पर्धा का सामना करना पड़ता है। इसका मतलब है कि प्रतिस्पर्धा में बने रहने के लिए उन्हें मशीनें ख़राब होने से पहले या नए मॉडल बाज़ार में उतारने के लिए नई मशीनें लगातार लगानी पड़ती हैं। इससे निश्चित रूप से एक निरंतर व्यय उत्पन्न होता है, जो प्राय: काफ़ी बड़ा होता है और यह व्यय कंपनी की बैलेंस शीट पर सूचीबद्ध कारख़ानों और मशीनों की लागत में जुड़ता रहता है।

जिस कंपनी के पास स्थायी प्रतिस्पर्धी लाभ होता है, उसे प्रतिस्पर्धा में बने रहने के लिए अपने कारख़ाने या मशीनों को लगातार उन्नत करने की ज़रूरत नहीं होती। च्युइंग गम निर्माता रिगले को लें। इसने एक बार च्युइंग ग़म बनाने वाला कारख़ाना बना लिया, तो इसके बाद इसे कारख़ाने या मशीनों को तब तक अद्यतन (अपडेट) करने की ज़रूरत नहीं पड़ती, जब तक कि वे ख़राब न हो जाएँ।

इसलिए जिस कंपनी के पास स्थायी प्रतिस्पर्धी लाभ होता है, वह अपने कारख़ाने और मशीनों को ख़राब होने पर ही बदलती है, जबकि जिस कंपनी के पास स्थायी प्रतिस्पर्धी लाभ नहीं होता है, उसे प्रतिस्पर्धियों से मुक़ाबला करने, अपने कारख़ाने और मशीनों को लगातार बदलना पड़ता है।

स्थायी प्रतिस्पर्धी लाभ वाली कंपनी किसी भी नए कारख़ाने और मशीनों का ख़र्च आंतरिक रूप से उठाने में सक्षम होती है। दूसरी ओर, जिस कंपनी के पास प्रतिस्पर्धात्मक लाभ नहीं है, उसे प्रतिस्पर्धा में बने रहने के लिए अपने कारख़ानों में नई मशीनें लगाने की निरंतर आवश्यकता को पूरा करने के लिए क़र्ज़ लेने पर मजबूर होना पड़ेगा।

उदाहरण के लिए, रिगले जैसी दीर्घकालीन प्रतिस्पर्धात्मक लाभ वाली कंपनी को देखें। इसके पास 1.4 अरब डॉलर के कारख़ाने व मशीनें हैं, 1 अरब डॉलर का क़र्ज़ है, और प्रति वर्ष आय 500 मिलियन डॉलर के आस-पास है। रिगले की तुलना जीएम जैसी किसी कंपनी से करें, जिसके

पास कोई स्थायी प्रतिस्पर्धी लाभ नहीं है। उसके कारख़ानों और मशीनों का मूल्य 56 अरब डॉलर है, जिस पर 40 अरब डॉलर का क़र्ज़ है और जिसे पिछले दो वर्षों से घाटा हो रहा है।

च्युइंग गम कोई ऐसा प्रॉडक्ट नहीं है, जिसे बार-बार बदलना पड़े, क्योंकि रिगले का ब्रांड नेम उसे उसके प्रतिद्वंद्वियों पर प्रतिस्पर्धात्मक लाभ देता है, लेकिन जीएम को संसार के प्रत्येक कार निर्माता के साथ सीधी प्रतिस्पर्धा करनी पड़ती है, इसलिए प्रतिस्पर्धा में आगे रहने के लिए इसे अपने प्रॉडक्ट मिश्रण को लगातार उन्नत और पुनः डिज़ाइन करना पड़ता है। इसका मतलब यह है कि नए प्रॉडक्ट्स का उत्पादन करने के लिए जीएम के कारख़ानों में नियमित रूप से नई मशीनें लगानी पड़ती हैं।

कार बनाने की तुलना में च्युइंग गम बनाना शेयरधारकों के लिए कहीं बेहतर और अधिक लाभदायक व्यवसाय है। इस पर विचार करें : 1990 में रिगले में निवेश किए गए 1 लाख डॉलर का मूल्य 2008 में लगभग 547,000 डॉलर हो जाता, लेकिन 1990 में जीएम में निवेशित 1 लाख डॉलर का मूल्य 2008 में लगभग 97,000 डॉलर ही होता। इसका मतलब है कि जीएम के मुक़ाबले रिगले के शेयरधारकों को 450,000 डॉलर का अधिक लाभ हुआ। वे ख़ुशी-ख़ुशी च्युइंग गम चबाते हुए अमीरी की राह पर जा रहे हैं, जबकि जीएम के शेयरधारक अपनी क़िस्मत को कोसते हुए कंगाली की ढलान पर फिसल रहे हैं।

जैसा वॉरेन कहते हैं, जब निरंतर प्रॉडक्ट को बदलने की ज़रूरत ही न हो, वह निरंतर मुनाफ़ा देता है। निरंतर प्रॉडक्ट का मतलब है कि कंपनी को प्रतिस्पर्धा में बने रहने के लिए नए कारख़ाने और मशीनें लगाने में बहुत सारा ख़र्च करने की ज़रूरत न हो। अगर कंपनी इस भारी ख़र्च से बच जाएगी, तो वह इस पैसे का उपयोग पैसे बनाने वाले दूसरे उपक्रमों में कर सकती है। अमीर बनने के लिए हमें सबसे पहले पैसे कमाना होगा और अगर हम ढेर सारा पैसा कमा सकें, तो इससे मदद मिलती है। बहुत सारे पैसे कमाने का एक तरीक़ा पड़ोसियों की बराबरी करने के लिए ज़्यादा पैसे ख़र्च न करना है।

अध्याय 30

गुडविल

बैलेंस शीट/एसेट्स	
($ मिलियन में)	
कुल चालू संपत्तियाँ	$12,005
संपत्ति/संयंत्र/उपकरण	8,493
→ गुडविल, नेट	4,246
अमूर्त, नेट	7,863
दीर्घकालिक निवेश	7,777
अन्य दीर्घकालिक संपत्तियाँ	2,675
कुल संपत्तियाँ	$ 43,059

जब एक्सॉन ने एक्सवायज़ेड तेल कंपनी ख़रीदी और उसने एक्सवायज़ेड की बुक वैल्यू से ज़्यादा पैसे दिए, भुगतान किया, तो इस अतिरिक्त राशि को एक्सॉन की बैलेंस शीट में गुडविल शीर्षक के तहत दर्ज किया जाता है। अगर हम बहुत सी कंपनियों को उनकी बुक वैल्यू से अधिक क़ीमत पर ख़रीद लें, तो अंत में हमारी बैलेंस शीट पर बहुत ज़्यादा गुडविल नज़र आएगी।

पहले गुडविल को ऐमर्टिज़ेशन (परिशोधन) की प्रक्रिया के माध्यम से व्यवसाय की आय के विरुद्ध बट्टे खाते में डाल दिया जाता था, जिस वजह से गुडविल के ऐमर्टिज़ेशन शीर्षक के तहत इनकम स्टेटमेंट में आय के विरुद्ध वार्षिक शुल्क लगाया जाता था। आधुनिक युग में एफ़एएसबी (वित्तीय लेखा मानक बोर्ड) ने निर्णय लिया है कि गुडविल का तब तक ऐमर्टिज़ेशन नहीं करना होगा, जब तक कि जिस कंपनी से गुडविल जुड़ी हुई थी, उसका मूल्य सचमुच कम न हो रहा हो।

जब भी हम कई वर्षों में किसी कंपनी की गुडविल को बढ़ते हुए देखें, तो हम यह मान सकते हैं कि ऐसा इसलिए हुआ है, क्योंकि कंपनी दूसरी कंपनियों को ख़रीद रही है। यह एक अच्छी बात हो सकती है, अगर कंपनी ऐसे व्यवसाय ख़रीद रही हो, जिनके पास स्थायी प्रतिस्पर्धी लाभ भी है। यदि गुडविल अकाउंट साल-दर-साल एक जैसा ही रहे, तो इसका कारण यह है कि या तो कंपनी किसी दूसरी कंपनी को बुक वैल्यू पर ही ख़रीद रही है या यह किसी दूसरी कंपनी को ख़रीद ही नहीं रही है।

जिन कंपनियों के पास किसी प्रकार का स्थायी प्रतिस्पर्धी लाभ होता है, वे लगभग कभी भी अपनी बुक वैल्यू से कम में नहीं बिकती हैं। हमने लगभग शब्द का इस्तेमाल इसलिए किया है, क्योंकि कभी-कभी ऐसा हो भी जाता है, और जब ऐसा होता है, तो यह ज़िंदगी में एकाध बार आने वाला ख़रीदारी का अवसर हो सकता है।

अध्याय 31

अमूर्त संपत्ति : जिसे मापा नहीं जा सकता, उसे मापना

बैलेंस शीट/ एसेट्स

($ मिलियन में)

कुल चालू संपत्तियाँ	$12,005
संपत्ति/संयंत्र/उपकरण	8,493
गुडविल, नेट	4,246
→ अमूर्त, नेट	7,863
दीर्घकालिक निवेश	7,777
अन्य दीर्घकालिक संपत्तियाँ	2,675
कुल संपत्तियाँ	$43,059

अमूर्त संपत्तियाँ वे संपत्तियाँ हैं, जिन्हें हम भौतिक रूप से नहीं छू सकते। इनमें पेटेंट, कॉपीराइट, ट्रेडमार्क, फ्रैंचाइज़ी और ब्रांड नेम जैसी चीज़ें शामिल होती हैं। बहुत समय पहले कोई कंपनी अपनी अमूर्त

संपत्तियों पर कोई भी पुराना वैल्युएशन चिपका सकती थी, जिसके बारे में उसे लगता था कि यह चल जाएगा। इससे कुछ बहुत ही दिलचस्प मूल्यांकन और कई दुरुपयोग देखने में आए। वर्तमान युग में कंपनियों को उनकी बैलेंस शीट पर आंतरिक रूप से विकसित अमूर्त संपत्ति का आँकड़ा रखने की अनुमति नहीं है। इसने अमूर्त संपत्तियों का काल्पनिक ज़बरदस्त मूल्यांकन करके बैलेंस शीट को मज़बूत बनाने की प्रथा को ख़त्म कर दिया है।

लेकिन किसी तीसरे पक्ष से अर्जित अमूर्त संपत्तियों को उनके उचित मूल्य पर बैलेंस शीट में रखा जाता है। यदि किसी संपत्ति का जीवनकाल सीमित है – जैसे कि पेटेंट का होता है – तो इसे इनकम स्टेटमेंट और बैलेंस शीट में वार्षिक शुल्क के साथ इसके उपयोगी जीवन के दौरान ऐमर्टाइज़ या परिशोधित किया जाता है।

स्थायी प्रतिस्पर्धी लाभ वाली कंपनियों के साथ एक अजीब बात होती है। उदाहरण के लिए, कोका-कोला कंपनी को लें। कोक के ब्रांड नेम का मूल्य 100 अरब डॉलर से भी ज़्यादा है, फिर भी आंतरिक रूप से विकसित ब्रांड नेम होने की वजह से अमूर्त संपत्ति के रूप में इसका वास्तविक मूल्य कोका-कोला की बैलेंस शीट में प्रतिबिंबित नहीं होता है। यही बात रिगले, पेप्सी कंपनी, मैकडॉनल्ड्स और यहाँ तक कि वॉल-मार्ट पर भी लागू होती है। इनमें से प्रत्येक कंपनी को इसके ब्रांड नेम के कारण स्पष्ट स्थायी प्रतिस्पर्धी लाभ होता है, फिर भी उनकी सबसे बड़ी संपत्ति यानी उनके ब्रांड नेम का मूल्य उनकी बैलेंस शीट पर दर्ज नहीं होता।

यह एक कारण है कि शेयरधारकों की संपत्ति बढ़ाने वाले स्थायी प्रतिस्पर्धी लाभ की शक्ति इतने लंबे समय तक निवेशकों से छिपी रही। दस वर्षों के इनकम स्टेटमेंट की तुलना करने के अलावा निवेशकों के पास यह जानने का कोई तरीक़ा नहीं है कि यह वहाँ पर था, या यह कि इसमें उन्हें बेहद अमीर बनाने की कितनी ज़्यादा क्षमता थी। इसी कारण वॉरेन पूरी दुनिया के सामने खुलेआम कोका-कोला जैसी कंपनियों के ढेर सारे शेयर ले पाए। इसके बावजूद दुनिया के ज़्यादातर लोगों को यह पता ही नहीं चला कि वे ऐसा क्यों कर रहे हैं। ग्राहम के वैल्यू इनवेस्टर शिष्यों के हिसाब से कोक इतना महँगा था कि इसे ख़रीदने में कोई तुक नहीं था। दूसरी तरफ़, इसकी क़ीमत में ज़्यादा उतार-चढ़ाव नहीं होते थे, इसलिए इसमें वॉल स्ट्रीट

ट्रेडर्स की भी ज़्यादा दिलचस्पी नहीं थी। वॉरेन जो देख सकते थे, जिसे कोई और नहीं देख सकता था, वह यह था कि कोक के पास स्थायी प्रतिस्पर्धी लाभ के साथ-साथ दीर्घकालीन मुनाफ़े की शक्ति थी। मुनाफ़े की ऐसी शक्ति, जो समय के साथ उन्हें दुनिया का सबसे अमीर आदमी बनाने में मदद करने वाली थी।

अध्याय 32

दीर्घकालीन निवेश : वॉरेन की सफलता का एक बड़ा रहस्य

बैलेंस शीट/एसेट्स

(\$ मिलियन में)	
कुल चालू संपत्तियाँ	\$12,005
संपत्ति/संयंत्र/उपकरण	8,493
गुडविल, नेट	4,246
अमूर्त, नेट	7,863
→ दीर्घकालिक निवेश	7,777
अन्य दीर्घकालिक संपत्तियाँ	2,675
कुल संपत्तियाँ	\$43,059

कंपनी की बैलेंस शीट में एसेट अकाउंट ही वह जगह है, जहाँ स्टॉक, बॉन्ड और रियल एस्टेट जैसे दीर्घकालीन निवेश (एक वर्ष से अधिक) के मूल्य को दर्ज किया जाता है। इस अकाउंट में कंपनी

की सहयोगियों और सहायक कंपनियों में निवेश भी शामिल होते हैं। दीर्घकालीन निवेश ख़ाते के बारे में दिलचस्प बात यह है कि संपत्ति की इस श्रेणी को उनकी लागत या बाज़ार भाव (जो भी कम हो) पर बहीख़ातों में दर्ज किया जाता है, लेकिन इसे लागत से अधिक क़ीमत पर नहीं दिखाया जा सकता, भले ही निवेश का मूल्य बढ़ गया हो। इसका मतलब यह है कि किसी कंपनी के पास बहुत मूल्यवान संपत्ति हो सकती है, जिसे वह अपने बही-ख़ाते में बाज़ार भाव से काफ़ी कम पर दिखा रही हो।

किसी कंपनी का दीर्घकालीन निवेश हमें शीर्ष प्रबंधन की निवेश मानसिकता के बारे में बहुत कुछ बता सकता है। क्या वे दूसरी ऐसी कंपनियों में निवेश करते हैं, जिनके पास टिकाऊ प्रतिस्पर्धी लाभ हैं, या फिर वे उन कंपनियों में निवेश करते हैं, जो अत्यधिक प्रतिस्पर्धी बाज़ारों में काम कर रही हैं? कभी-कभी हम किसी अद्‌भुत कंपनी के प्रबंधन को सिर्फ़ इस कारण औसत व्यवसायों में भारी निवेश करते हुए देखते हैं, क्योंकि वे सोचते हैं कि बड़ा होना बेहतर है। कभी-कभी हम किसी औसत व्यवसाय के प्रबुद्ध प्रबंधकों को उन कंपनियों में निवेश करते हुए देखते हैं, जिनके पास स्थायी प्रतिस्पर्धी लाभ होता है। इसी तरह वॉरेन अपनी होल्डिंग कंपनी बर्कशायर हैथवे को साम्राज्य में बदलने में कामयाब हुए। एक समय अत्यधिक प्रतिस्पर्धी कपड़ा उद्योग में बर्कशायर एक औसत दर्जे की कंपनी हुआ करती थी। वॉरेन ने इसकी नियंत्रक हिस्सेदारी ख़रीदी, नक़दी इकट्ठी करने के लिए डिविडेंड देना बंद कर दिया और फिर कंपनी की कार्यशील पूँजी से एक बीमा कंपनी ख़रीद ली। फिर वे बीमा कंपनी की संपत्तियों से स्थायी प्रतिस्पर्धी लाभ वाली कंपनियों को चालीस साल तक ख़रीदते रहे।

स्थायी प्रतिस्पर्धी लाभ वाले किसी व्यवसाय के मेंढक को पर्याप्त बार चूमेंगे, तो वह व्यवसाय के राजकुमार में बदल जाएगा।

या, जैसा कि वॉरेन के मामले में था, यह 171.9 अरब डॉलर में बदल जाएगा, जो आज बर्कशायर का वर्तमान मूल्य है।

अध्याय 33

अन्य दीर्घकालीन संपत्तियाँ

बैलेंस शीट/एसेट्स	
($ मिलियन में)	
कुल चालू संपत्तियाँ	$12,005
संपत्ति/संयंत्र/उपकरण	8,493
गुडविल, नेट	4,246
अमूर्त, नेट	7,863
दीर्घकालिक निवेश	7,777
→ अन्य दीर्घकालिक संपत्तियाँ	2,675
कुल संपत्तियाँ	$43,059

"अन्य दीर्घकालीन संपत्तियों" (अदर लॉन्ग-टर्म एसेट्स) को दीर्घकालीन संपत्तियों के विशाल भंडार के रूप में देखें - ऐसी संपत्तियाँ, जिनका उपयोगी जीवनकाल एक वर्ष से अधिक है - जो प्रॉपर्टी और इक्विपमेंट, गुडविल, अमूर्त संपत्ति (इनटेन्जिबल्स) और दीर्घकालीन निवेश की श्रेणियों में नहीं आई हैं। अन्य दीर्घकालीन संपत्तियों का एक

उदाहरण प्रीपेड व्यय और टैक्स रिकवरी हैं, जो आने वाले वर्षों में प्राप्त होने वाली हैं।

अन्य दीर्घकालीन संपत्तियाँ हमें इस बारे में बहुत कम बता सकती हैं कि संबंधित कंपनी के पास स्थायी प्रतिस्पर्धी लाभ है या नहीं, तो चलिए आगे बढ़ते हैं।

अध्याय 34

कुल संपत्तियाँ और कुल संपत्तियों पर मुनाफ़ा

बैलेंस शीट/ एसेट्स

($ मिलियन में)	
कुल चालू संपत्तियाँ	$12,005
संपत्ति/संयंत्र/उपकरण	8,493
गुडविल, नेट	4,246
अमूर्त, नेट	7,863
दीर्घकालिक निवेश	7,777
अन्य दीर्घकालिक संपत्तियाँ	2,675
→ कुल संपत्तियाँ	$43,059

चालू संपत्तियों और दीर्घकालीन संपत्तियों को जोड़ने पर हमें कंपनी की कुल संपत्तियाँ पता चल जाती हैं। इसकी कुल संपत्तियाँ इसकी कुल देनदारियों और शेयरहोल्डर्स इक्विटी के योग के बराबर होंगी। वे एक-दूसरे को संतुलित करती हैं, इसीलिए इसे बैलेंस शीट कहा जाता है।

कुल संपत्तियाँ यह निर्धारित करने में महत्त्वपूर्ण है कि कंपनी अपनी संपत्तियों का उपयोग करने में कितनी कुशल है। कंपनी की कार्यकुशलता को मापने के लिए विश्लेषकों ने रिटर्न ऑन एसेट रेशो का फ़ॉर्मूला ईजाद किया है, जिसे कुल संपत्तियों में शुद्ध आय (मुनाफ़े) का भाग देकर निकाला जाता है।

पूँजी हमेशा किसी भी उद्योग में प्रवेश के लिए बाधा होती है। इसके अलावा, जो चीज़ किसी कंपनी के प्रतिस्पर्धी लाभ को स्थायी बनाने में मदद करती है, वह है मैदान में उतरने के लिए आवश्यक संपत्तियों की लागत। कोका-कोला के पास 43 अरब डॉलर की संपत्ति है और संपत्ति पर रिटर्न (मुनाफ़ा) 12 प्रतिशत है; प्रॉक्टर ऐंड गैंबल के पास 143 अरब डॉलर की संपत्ति है और संपत्ति पर रिटर्न 7 प्रतिशत है; और अल्ट्रिया ग्रुप इंक. के पास 52 अरब डॉलर की संपत्ति है और संपत्ति पर रिटर्न 24 प्रतिशत है, लेकिन मूडीज़ जैसी कंपनी, जिसकी संपत्ति 1.7 अरब डॉलर है, संपत्ति पर 43 प्रतिशत रिटर्न दिखाती है।

हालाँकि कई विश्लेषकों का तर्क है कि संपत्तियों पर रिटर्न जितना अधिक होगा, उतना ही बेहतर है, लेकिन वॉरेन ने पाया है कि संपत्तियों पर वास्तव में उच्च रिटर्न कंपनी के प्रतिस्पर्धी लाभ के स्थायित्व में असुरक्षा का संकेत दे सकता है। कोका-कोला से मुक़ाबला करने के लिए 43 अरब डॉलर जुटाना एक असंभव कार्य है - ऐसा नहीं होने वाला, लेकिन मूडीज़ से मुक़ाबला करने के लिए 1.7 अरब डॉलर जुटाना काफ़ी संभव है, हालाँकि मूडी का अंतर्निहित अर्थशास्त्र कोका-कोला से कहीं बेहतर है, लेकिन मूडी के प्रतिस्पर्धात्मक लाभ का स्थायित्व बहुत कमज़ोर है, क्योंकि उसके व्यवसाय में प्रवेश की लागत बहुत कम है।

यहाँ सबक़ यह है कि अधिक लाभ कभी-कभी आगे चलकर कम लाभ का संकेत हो सकता है।

अध्याय 35

चालू देनदारियाँ (करेंट लाएबिलिटीज़)

बैलेंस शीट/लाएबिलिटीज़	
($ मिलियन में)	
देनदारी खाते	$1,380
उपार्जित व्यय	5,535
अल्पकालिक ऋण	5,919
दीर्घकालिक ऋण देय	133
अन्य चालू देनदारियाँ	258
कुल चालू देनदारियाँ	$13,225

चालू देनदारियाँ वे ऋण और दायित्व हैं, जो कंपनी पर बकाया हैं, जिन्हें अगले वित्तीय वर्ष के भीतर चुकाना है। वे बैलेंस शीट पर अकाउंट्स पेएबल, एक्रूड एक्सपेंसेस, शॉर्ट-टर्म डेट, लॉन्ग-टर्म डेट कमिंग ड्यू और अदर करेंट लाएबिलिटीज़ शीर्षकों के तहत पाए जाते हैं। आइए, उन पर एक नज़र डालकर देखते हैं कि क्या वे हमें यह बता सकते हैं कि किसी कंपनी के पास इसके प्रतिस्पर्धियों के मुक़ाबले स्थायी प्रतिस्पर्धी लाभ है या नहीं।

अध्याय 36

अकाउंट्स पेएबल, एक्रूड एक्सपेंसेस और अदर करेंट लाएबिलिटीज़ (देय खाते, उपार्जित व्यय और चालू देनदारियाँ)

बैलेंस शीट/लाएबिलिटीज़

($ मिलियन में)

→	देनदारी खाते	$1,380
→	उपार्जित व्यय	5,535
	अल्पकालिक ऋण	5,919
	दीर्घकालिक ऋण देय	133
→	अन्य चालू देनदारियाँ	258
	कुल चालू देनदारियाँ	$13,225

अकाउंट्स पेएबल सप्लायर्स का बकाया पैसा है, जिन्होंने कंपनी को सामान और सेवाएँ उधार दी हैं। हम 1,000 पौंड कॉफ़ी का ऑर्डर देते हैं और वे इसे बिल/इनवॉइस के साथ हमें भेज देते हैं। 1,000 पौंड कॉफ़ी का वह बिल/इनवॉइस अकाउंट पेएबल (देय ख़ाता) है।

एक्रूड एक्सपेंसेस (उपार्जित व्यय) वे देनदारियाँ हैं, जिन्हें कंपनी ने ख़र्च तो कर दिया है, लेकिन अभी तक उनका इनवॉइस नहीं आया है। इन व्ययों में देय सेल्स टैक्स, देय मज़दूरी और देय एक्रूड रेंट शामिल है। हम किसी को नौकरी पर रखते हैं और उससे कहते हैं कि हम उसे महीने के अंत में वेतन देंगे, जब वह महीने के अंत तक काम करता है, तो उसका हर दिन का वेतन एक्रूड एक्सपेंस के रूप में दर्ज किया जाता है।

अन्य ऋण उन सभी अल्पकालिक ऋणों के लिए एक स्लश फ़ंड है, जिसे उपरोक्त किसी भी श्रेणी में शामिल नहीं किया जा सकता।

देय ख़ाते, अर्जित व्यय और अन्य ऋण हमें किसी व्यवसाय की वर्तमान स्थिति के बारे में बहुत कुछ बता सकते हैं, लेकिन अकेली प्रविष्टियों के रूप में वे हमें व्यवसाय की दीर्घकालीन आर्थिक प्रकृति के बारे में बहुत कम बताते हैं और यह भी नहीं बता पाते कि इसके पास स्थायी प्रतिस्पर्धी लाभ है या नहीं, हालाँकि किसी कंपनी के अल्पकालिक और दीर्घकालीन ऋण की मात्रा किसी व्यवसाय के दीर्घकालीन अर्थशास्त्र के बारे में बहुत कुछ बता सकती है और यह भी बता सकती है कि उसके पास स्थायी प्रतिस्पर्धी लाभ है या नहीं।

अध्याय 37

शॉर्ट-टर्म डेट (अल्पकालिक ऋण) : यह किसी वित्तीय संस्था की जान ले सकता है

बैलेंस शीट/लाएबिलिटीज़

($ मिलियन में)

देनदारी खाते	$ 1,380
उपार्जित व्यय	5,535
→ अल्पकालिक ऋण	5,919
दीर्घकालिक ऋण देय	133
अन्य चालू देनदारियाँ	258
कुल चालू देनदारियाँ	$ 13,225

अल्पकालिक ऋण वह धन है, जो कंपनी पर बकाया होता है, जिसे आगामी वर्ष में देना होता है। इसमें वाणिज्यिक पत्र (कमर्शियल पेपर) और अल्पकालिक बैंक ऋण शामिल हैं। ऐतिहासिक रूप से

अल्पकालिक ऋण दीर्घकालीन ऋण से सस्ता पड़ता है। इसका मतलब यह है कि आप अल्पकाल में पैसे उधार लेकर दीर्घ काल में उधार देकर मुनाफ़ा कमा सकते हैं। हम 5 प्रतिशत पर अल्पकालिक ऋण लेते हैं और 7 प्रतिशत पर दीर्घकालिक ऋण दे देते हैं। यह काफ़ी आसान लगता है, लेकिन इस रणनीति के साथ समस्या यह है कि हमने जो पैसा उधार लिया है, वह अल्पकालिक पैसा है। इसका मतलब है कि हमें इसे उसी वर्ष के भीतर वापस चुकाना होगा, जो करना एक तरह से काफ़ी आसान है। हम आने वाले अल्पकालिक ऋण को चुकाने के लिए अल्पकालिक दृष्टि से नया ऋण ले लेंगे। वित्तीय दुनिया में, इसे 'क़र्ज़ को रोल ओवर करना' कहते हैं। और यह सब तब तक अच्छी तरह से काम करता है, जब तक कि अल्पकालिक ब्याज दरें उस ब्याज दर से ज़्यादा न हो जाएँ, जिस पर हमने दीर्घकालीन ऋण दिया था, जो कि 7 प्रतिशत थी। निश्चित रूप से, जब अल्पकालिक दरें 5 प्रतिशत थीं, तब यह अच्छा विचार लग रहा था, लेकिन अब जब वे बढ़कर 8 प्रतिशत हो गई हैं, तो हमें अपना अल्पकालिक ऋण उस दीर्घकालीन ब्याज दर से अधिक दर पर लेना होगा, जिस दर पर हमने उसे उधार दिया था। और इससे हम ख़ुश नहीं होंगे।

अल्पकालिक ऋण की तबाही के समीकरण का एक और हिस्सा यह है कि अगर हम नया अल्पकालिक ऋण लेने की सोचकर दीर्घकालीन ऋण तो दे देते हैं, लेकिन अल्कालिक ऋण देने वाले लोग हमें ऋण देने को तैयार नहीं होते। अचानक हमें वह सारा पैसा चुकाना होगा, जो हमने अल्प काल में उधार लिया था और लॉन्ग-टर्म के लिए उधार दिया था, लेकिन हमारे पास वह पैसा नहीं है, क्योंकि हम इसे लंबी अवधि के लिए उधार दे चुके हैं, जिसका मतलब है किं हमें कई-कई वर्षों तक यह वापस नहीं मिलेगा।

बियर स्टर्न्स के साथ यही हुआ। उन्होंने अल्पकालिक उधार लिया और मॉर्गिज-बैक्ड प्रतिभूतियाँ ख़रीद लीं, फिर उन्होंने मॉर्गिज-बैक्ड प्रतिभूतियों को गिरवी रखकर नया अल्पकालिक ऋण ले लिया, लेकिन एक दिन उनके लेनदारों ने जागकर कहा, ''हमें नहीं लगता कि यह गिरवी उतने मूल्य की है, जितने मूल्य का आपने हमें बताया था, इसलिए अब हम आपको और ऋण नहीं देना चाहते और हमने आपको जो पैसा क़र्ज़

में दिया था, हम उसे वसूल करना चाहते है।'' यह बियर स्टर्न्स के लिए अच्छी स्थिति नहीं थी।

बैंकिंग में पैसा बनाने का सबसे स्मार्ट और सुरक्षित तरीक़ा इसे लंबी अवधि के लिए उधार लेना और लंबी अवधि के लिए उधार देना है। इसीलिए बैंक हमेशा हमें पाँच या दस साल की एफ़डी करने के लिए प्रोत्साहित करते हैं। यह अल्पकालिक ऋण लेने और दीर्घकालीन ऋण देने जितना फटाफट और आसान मुनाफ़ा नहीं है, बल्कि यह तो पैसा कमाने का ज़्यादा समझदारी भरा और रूढ़िवादी तरीक़ा है। यही तो हम किसी बैंक और बैंकर में चाहते हैं – समझदारी।

जब वित्तीय संस्थानों में निवेश की बात आती है, तो वॉरेन हमेशा उन कंपनियों से दूर रहते हैं, जिन्होंने दीर्घकालीन ऋण की तुलना में अल्पकालिक ऋण ज़्यादा लिया है। वॉरेन की प्रिय कंपनी वेल्स फ़ार्गो पर प्रत्येक डॉलर के दीर्घकालीन ऋण के लिए 57 सेंट का अल्पकालिक ऋण है, लेकिन बैंक ऑफ़ अमेरिका एनए जैसे आक्रामक बैंक के पास प्रत्येक डॉलर के दीर्घकालीन ऋण के लिए 2.09 डॉलर का अल्पकालिक ऋण है, हालाँकि आक्रामक होने का मतलब अल्पावधि में बहुत सारे पैसे कमाना हो सकता है, लेकिन यह अक्सर लंबी अवधि में वित्तीय आपदाओं का कारण बनता है। और वित्तीय आपदा में फँसा हुआ कोई व्यक्ति कभी अमीर नहीं बन सकता।

मुश्किल वित्तीय समय में वेल्स फ़ार्गो जैसे स्थिर रूढ़िवादी बैंकों के पास उन आक्रामक बैंकों की तुलना में प्रतिस्पर्धात्मक लाभ है, जिन्होंने ख़ुद को मुसीबत में डाल लिया है। 'स्थायित्व' उस स्थिरता के बराबर है, जो रूढ़िवादी होने के साथ आती है। जब दूसरों को नुक़सान होता है, तो उसके पास का नक़द पैसा अवसर पैदा करता है। आक्रामकता से अल्पकालिक ऋण लेने वाले अक्सर ऋण बाज़ारों की दया पर निर्भर होते हैं, जिनमें होने वाला अप्रत्याशित परिवर्तन उनके पूरे कार्यसंचालन को जोखिम में डाल देता है और उनके व्यापार मॉडल में किसी भी प्रकार के स्थायित्व के नुक़सान के बराबर होता है। और व्यापारिक दुनिया में प्रतिस्पर्धी लाभ का स्थायित्व काफ़ी हद तक कौमार्य की तरह है – इसे वापस पाने की तुलना में इसकी रक्षा करना ज़्यादा आसान होता है।

अध्याय 39

कुल वर्तमान देनदारियाँ (टोटल करेंट लाएबिलिटीज़) और करेंट रेशो

बैलेंस शीट/लाएबिलिटीज़

(\$ मिलियन में)	
देनदारी खाते	\$1,380
उपार्जित व्यय	5,535
अल्पकालिक ऋण	5,919
दीर्घकालिक ऋण देय	133
अन्य चालू देनदारियाँ	258
→ कुल चालू देनदारियाँ	\$13,225

कुल चालू संपत्तियों (टोटल करेंट एसेट्स) को कुल चालू देनदारियों (टोटल करेंट लाएबिलिटीज़) से विभाजित करके हम कंपनी की लिक्विडिटी तय कर सकते हैं – करेंट रेशो जितना अधिक होता है, कंपनी उतनी ही ज़्यादा लिक्विड होती है और चालू देनदारियों का भुगतान करने की क्षमता भी उतनी ही अधिक होती है। एक के ऊपर का करेंट रेशो अच्छा

माना जाता है और एक से कम का बुरा। अगर यह अनुपात एक से कम है, तो ऐसा माना जाता है कि कंपनी को अपने लेनदारों को अल्पकालिक देनदारी देने में कठिनाई हो सकती है, लेकिन जैसा हमने अध्याय 28 में देखा है, स्थायी प्रतिस्पर्धी लाभ वाली कंपनियों का वर्तमान अनुपात प्राय: एक से कम होता है। इस विसंगति का कारण स्थायी प्रतिस्पर्धी लाभ पैदा करने वाली आय की अपार शक्ति है। संक्षेप में, आपके पास एक वर्तमान आर्थिक तसवीर है, जिसके लिए उतने 'लिक्विडिटी कुशन' की ज़रूरत नहीं है, जितना ख़राब अर्थव्यवस्था वाली कंपनी को चाहिए (अधिक जानकारी के लिए कृपया अध्याय 28 को देखें।), हालाँकि गौण से औसत व्यवसाय की लिक्विडिटी तय करने में करेंट रेशो बहुत महत्त्वपूर्ण होता है, लेकिन यह हमें इस बारे में बहुत कम जानकारी दे पाता है कि किसी कंपनी के पास स्थायी प्रतिस्पर्धी लाभ है या नहीं।

अध्याय 40

दीर्घकालीन क़र्ज़ : ऐसी चीज़, जो बेहतरीन कंपनियों के पास ज़्यादा नहीं होती

बैलेंस शीट/लाएबिलिटीज़	
($ मिलियन में)	
कुल चालू देनदारियाँ	$13,225
→ दीर्घकालिक ऋण	3,277
डेफ़र्ड आयकर	1,890
माइनॉरिटी इन्ट्रेस्ट	0
अन्य देनदारियाँ	3,133
कुल देनदारियाँ	$21,525

दीर्घकालीन ऋण का अर्थ वह ऋण है, जो एक वर्ष के बाद कभी भी परिपक्व हो रहा हो। बैलेंस शीट में यह दीर्घकालीन देनदारियों (लॉन्ग-टर्म लाएबिलिटीज़) के शीर्षक में आता है। यदि ऋण एक वर्ष के

भीतर देय है, तो यह अल्पकालिक ऋण होता है और कंपनी की चालू देनदारियों (करेंट लाएबिलिटीज़) के साथ डाल दिया जाता है। वॉरेन दीर्घकालीन प्रतिस्पर्धात्मक लाभ वाले उत्कृष्ट व्यवसाय की खोज कर रहे होते हैं और कंपनी के बहीख़ाते में दर्ज दीर्घकालीन ऋण की राशि उन्हें उस व्यवसाय की आर्थिक प्रकृति के बारे में बहुत कुछ बता देती है।

वॉरेन ने सीखा है कि जिन कंपनियों के पास स्थायी प्रतिस्पर्धी लाभ होता है, उनकी बैलेंस शीट पर प्राय: बहुत कम या शून्य दीर्घकालीन ऋण होता है। ऐसा इसलिए, क्योंकि ये कंपनियाँ इतनी लाभदायक हैं कि जब उन्हें व्यवसाय का विस्तार करने या किसी दूसरी कंपनी का अधिग्रहण करने की आवश्यकता होती है, तो वे स्व-वित्तपोषण करती हैं, इसलिए उन्हें कभी भी बड़ी राशि उधार लेने की ज़रूरत ही नहीं पड़ती।

असाधारण कंपनी की पहचान करने में हमारी मदद करने का एक तरीक़ा यह जाँच करना है कि कंपनी की बैलेंस शीट पर कितना दीर्घकालीन ऋण है। हमारी दिलचस्पी सिर्फ़ इसी साल के आँकड़ों में नहीं है। हम तो पिछले दस वर्षों के दीर्घकालीन ऋण भार को देखना चाहते हैं। यदि कंपनी की बैलेंस शीट पर दस साल में दीर्घकालीन ऋण बहुत कम या शून्य है, तो यह एक अच्छी शर्त है कि कंपनी के पक्ष में किसी तरह का मज़बूत प्रतिस्पर्धात्मक लाभ काम कर रहा है।

वॉरेन की ऐतिहासिक ख़रीदारी से संकेत मिलता है कि कंपनी के पास यह क्षमता होनी चाहिए कि यह अपना सारा दीर्घकालीन ऋण तीन-चार साल की वार्षिक शुद्ध आय से चुका सके। दीर्घकालीन प्रतिस्पर्धात्मक लाभ धारक कोका-कोला और मूडीज़ एक ही वर्ष में अपने सभी दीर्घकालीन ऋण का भुगतान कर सकते हैं और रिगले तथा द वॉशिंगटन पोस्ट कंपनियाँ यह काम दो साल में कर सकती हैं।

लेकिन जीएम या फ़ोर्ड दोनों ही अत्यधिक प्रतिस्पर्धी ऑटो उद्योग में हैं और ऐसी कंपनियाँ पिछले दस वर्षों में कमाए सारे शुद्ध मुनाफ़े से भी अपनी बैलेंस शीट पर मौजूद ज़बरदस्त दीर्घकालीन ऋण का भुगतान नहीं कर सकतीं।

यहाँ मूल बात यह है कि जिन कंपनियों के पास तीन-चार साल से कम समय में अपने दीर्घकालीन ऋण का भुगतान करने के लिए पर्याप्त शुद्ध

आय कमाने की शक्ति है, वे दीर्घकालीन प्रतिस्पर्धी लाभ वाली उत्कृष्ट कंपनी की हमारी खोज में अच्छी उम्मीदवार हैं।

लेकिन कृपया ध्यान दें : चूँकि ये कंपनियाँ बहुत लाभदायक होती हैं और उन पर बहुत कम या शून्य क़र्ज़ होता है, इसलिए वे अक्सर लीवरेज़्ड बाइआउट का लक्ष्य होती हैं। इन्हें ख़रीदने के लिए क्रेता ख़रीदारी के वित्तपोषण के वास्ते कंपनी के कैशफ़्लो के विरुद्ध भारी मात्रा में धन उधार लेता है। लीवरेज़्ड बाइआउट के बाद कंपनी भारी क़र्ज़ में डूब जाती है। 1980 के दशक के अंत में आरजेआर/नैबिस्को बाइआउट में यही हुआ था।

यदि बाक़ी सभी चीजें इस तरफ़ इशारा करती हैं कि विचाराधीन कंपनी के पास स्थायी प्रतिस्पर्धी लाभ तो है, लेकिन इसकी बैलेंस शीट पर बहुत ज़्यादा दीर्घकालीन ऋण है, तो संभवत: यह लीवरेज़्ड बाइआउट का परिणाम है। ऐसे मामलों में कंपनी के बॉन्ड अक्सर बेहतर दाँव होते हैं, क्योंकि कंपनी की आय की शक्ति क़र्ज़ चुकाने पर केंद्रित होगी, न कि कंपनी के विस्तार पर।

यहाँ नियम सरल है : कम या शून्य दीर्घकालीन ऋण का मतलब प्राय: अच्छा दीर्घकालीन दाँव होता है।

अध्याय 41

डेफ़र्ड इनकम टैक्स, माइनॉरिटी इन्ट्रेस्ट और अदर लाएबिलिटीज़

बैलेंस शीट/लाएबिलिटीज़

($ मिलियन में)	
कुल चालू देनदारियाँ	$ 13,225
दीर्घकालिक ऋण	3,277
→ डेफ़र्ड आयकर	1,890
→ माइनॉरिटी इन्ट्रेस्ट	0
→ अन्य देनदारियाँ	3,133
कुल देनदारियाँ	$ 21,525

डेफ़र्ड इनकम टैक्स (स्थगित आयकर) वह कर है, जिसे चुकाना है, लेकिन जिसे अब तक नहीं चुकाया गया है। यह आँकड़ा हमें इस बारे में बहुत कम बताता है कि कंपनी के पास स्थायी प्रतिस्पर्धी लाभ है या नहीं।

बैलेंस शीट पर माइनॉरिटी इन्ट्रेस्ट (गौण हित) की प्रविष्टि थोड़ी ज़्यादा दिलचस्प है। जब कंपनी किसी दूसरी कंपनी के शेयर हासिल कर लेती है, तो यह उन शेयरों को ख़रीदने के मूल्य को 'दीर्घकालीन निवेश' के तहत संपत्ति के रूप में दर्ज करती है, लेकिन जब यह किसी कंपनी के 80 प्रतिशत से अधिक शेयरों का अधिग्रहण कर लेती है, तो यह अधिग्रहीत कंपनी की पूरी बैलेंस शीट को अपनी बैलेंस शीट में स्थानांतरित कर सकती है। इनकम स्टेटमेंट के साथ भी ऐसा ही है। एक उदाहरण : बर्कशायर ने नेब्रास्का फ़र्नीचर मार्ट का 90 प्रतिशत अधिग्रहण किया है। चूँकि इसने एनएफ़एम के 80 प्रतिशत से अधिक शेयर हासिल किए हैं, इसलिए बर्कशायर एनएफ़एम की 100 प्रतिशत आय को बर्कशायर के इनकम स्टेटमेंट में दर्शा सकता है। साथ ही, यह एनएफ़एम की 100 प्रतिशत संपत्ति और देनदारियों को भी अपनी बैलेंस शीट में जोड़ सकता है। गौण हित प्रविष्टि जो दर्शाती है, वह एनएफ़एम के 10 प्रतिशत का मूल्य है, जो बर्कशायर के पास नहीं है। समीकरण को संतुलित करते हुए यह दायित्व के रूप में दिखाई देता है, क्योंकि बर्कशायर ने एनएफ़एम की 100 प्रतिशत संपत्ति और देनदारियों को अपने बहीख़ातों में दर्शाया है, भले ही उसके पास एनएफ़एम का केवल 90 प्रतिशत हिस्सा है, तो इसका स्थायी प्रतिस्पर्धी लाभ वाली कंपनी की पहचान करने से क्या लेना-देना है? ज़्यादा नहीं है, लेकिन यह जानना दिलचस्प है कि स्थायी प्रतिस्पर्धी लाभ वाली कंपनी की हमारी खोज में क्या मायने रखता है और क्या नहीं।

अदर लाएबिलिटीज़ (अन्य देनदारियाँ) एक आकर्षक श्रेणी है, जिसमें कंपनी अपने विविध ऋण डाल देती है। इसमें कंपनी के ख़िलाफ़ फ़ैसले, ग़ैर-वर्तमान लाभ, टैक्स की देनदारियों पर ब्याज, न चुकाया गया जुर्माना और डेरिवेटिव्ज़ इंस्ट्रूमेंट्स जैसी देनदारियाँ शामिल हैं। इनमें से कोई भी स्थायी प्रतिस्पर्धी लाभ की खोज में हमारी मदद नहीं करता है।

अध्याय 42

कुल देनदारियाँ और ऋण-शेयरधारकों का इक्विटी अनुपात

बैलेंस शीट/डेट टू शेयरहोल्डर्स इक्विटी रेशो

(\$ मिलियन में)	
कुल चालू देनदारियाँ	\$13,225
दीर्घकालिक ऋण	3,277
→ डेफ़र्ड आयकर	1,890
→ माइनॉरिटी इन्ट्रेस्ट	0
→ अन्य देनदारियाँ	3,133
कुल देनदारियाँ	\$21,525

कुल देनदारियाँ कंपनी की सभी देनदारियों का योग है। यह एक महत्त्वपूर्ण संख्या है, जिसका उपयोग हम शेयरधारकों की इक्विटी से ऋण के अनुपात को जानने के लिए कर सकते हैं। इसमें थोड़ा संशोधन करके हम यह पहचान सकते हैं कि क्या किसी व्यवसाय के पास स्थायी प्रतिस्पर्धी लाभ है या नहीं।

शेयरधारकों की इक्विटी और ऋण के अनुपात का उपयोग ऐतिहासिक रूप से यह पहचानने में हमारी मदद करता है कि कोई कंपनी अपने परिचालन या इक्विटी (जिसमें रिटेन्ड अर्निंग्स भी शामिल हैं) को फ़ाइनैंस करने के लिए ऋण का उपयोग कर रही है या नहीं। स्थायी प्रतिस्पर्धी लाभ वाली कंपनी अपने कार्य-संचालन को फ़ाइनैंस करने के लिए अपनी आय की शक्ति का उपयोग करेगी, इसलिए सिद्धांततः इसे शेयरधारकों की इक्विटी का उच्च स्तर और कुल देनदारियों का निम्न स्तर दिखाना चाहिए। जिस कंपनी के पास प्रतिस्पर्धात्मक लाभ नहीं है, वह अपने कार्य-संचालन को फ़ाइनैंस करने के लिए ऋण लेगी, इसलिए इसमें शेयरधारकों की इक्विटी का निम्न स्तर और कुल देनदारियों का उच्च स्तर दिखना चाहिए।

समीकरण है : शेयरधारकों की इक्विटी और ऋण अनुपात = कुल देनदारियाँ÷शेयरधारकों की इक्विटी।

स्थायी प्रतिस्पर्धी लाभ वाली कंपनी को पहचानने के लिए ऋण-इक्विटी अनुपात का उपयोग करने में एक समस्या है। वास्तव में, स्थायी प्रतिस्पर्धी लाभ वाली कंपनियों का अर्थशास्त्र इतना बढ़िया होता है कि उन्हें अपनी बैलेंस शीट पर बड़ी मात्रा में इक्विटी/रिटेन्ड अर्निंग्स की आवश्यकता नहीं होती है; कुछ मामलों में उन्हें इसकी शून्य आवश्यकता होती है। अपनी बेहतरीन आय क्षमता के कारण वे अक्सर अपनी निर्मित इक्विटी/रिटेन्ड अर्निंग्स को शेयर बाइबैक में ख़र्च करती हैं, जिससे उनकी इक्विटी/रिटेन्ड अर्निंग्स का आधार कम हो जाता है। इसके फलस्वरूप उनका ऋण-इक्विटी अनुपात बढ़ जाता है, अक्सर इस हद तक कि उनका ऋण-इक्विटी अनुपात किसी औसत दर्जे के व्यवसाय जैसा दिखता है - बिना किसी स्थायी प्रतिस्पर्धी लाभ के।

वॉरेन की पसंदीदा कंपनी मूडीज़ इस प्रकरण का बेहतरीन उदाहरण है। इसके पक्ष में इतना बेहतरीन अर्थशास्त्र काम कर रहा है कि इसे किसी भी शेयरधारक की इक्विटी बनाए रखने की आवश्यकता नहीं है। इसने वास्तव में अपने शेयरधारकों की सारी इक्विटी अपने शेयर वापस ख़रीदने पर ख़र्च कर दी। इसमें वस्तुतः शेयरधारकों की इक्विटी नकारात्मक है। इसका मतलब यह है कि इसका ऋण-शेयरधारकों का इक्विटी अनुपात

जीएम जैसा दिखता है - एक ऐसी कंपनी, जिसके पास स्थायी प्रतिस्पर्धी लाभ नहीं है और जिसकी नेट वर्थ नकारात्मक है। यह कोका-कोला जैसा नहीं दिखता है, जिसके पास स्थायी प्रतिस्पर्धी लाभ है।

हालाँकि यदि हम मूडी के शेयरधारकों की इक्विटी में उन सभी ट्रेज़री स्टॉक्स का मूल्य जोड़ते हैं, जो मूडी ने स्टॉक बाइबैक के माध्यम से हासिल किए हैं, तो मूडी का ऋण-इक्विटी अनुपात घटकर 0.63 हो जाता है, जो कोक के ट्रेज़री शेयर-समायोजित अनुपात 0.51 के अनुरूप है। जीएम की नेट वर्थ अब भी नकारात्मक है, यहाँ तक कि उसके ट्रेज़री शेयरों के मूल्य को जोड़ने के बाद भी, जो कि अस्तित्वहीन है, क्योंकि जीएम के पास अपने शेयरों का बाइबैक करने के लिए पैसे नहीं हैं।

जब हम ट्रेज़री शेयर-समायोजित ऋण और शेयरधारकों के इक्विटी अनुपात को देखते हैं, तो स्थायी प्रतिस्पर्धी लाभ वाली कंपनियों और इससे रहित कंपनियों में अंतर करना आसान हो जाता है। स्थायी प्रतिस्पर्धी लाभ धारक प्रॉक्टर ऐंड गैंबल का समायोजित अनुपात 0.71 है। इस दौरान रिगले का अनुपात 0.68 है, जिसका अर्थ है कि रिगले के शेयरधारकों की इक्विटी के प्रत्येक डॉलर के मुक़ाबले 68 सेंट का क़र्ज़ भी है। पीऐंडजी और रिगले की तुलना गुडईयर टायर से करें, जिसका समायोजित अनुपात 4.35 है, या फ़ोर्ड से, जिसका समायोजित अनुपात 38.0 है। इसका मतलब यह है कि फ़ोर्ड के पास शेयरधारकों की इक्विटी के प्रत्येक डॉलर के लिए 38 डॉलर का क़र्ज़ भी है, जिसका अर्थ है शेयरधारकों की इक्विटी 7.2 अरब डॉलर है और क़र्ज़ 275 अरब डॉलर है।

बैंकों जैसे वित्तीय संस्थानों में, यह अनुपात आम तौर पर निर्माता कंपनियों से बहुत ज़्यादा होता है। बैंक भारी मात्रा में पैसा उधार लेते हैं और फिर उसे वापस उधार दे देते हैं, जिससे वे दोनों के बीच के अंतर पर पैसे कमाते हैं। इससे बड़ी मात्रा में देनदारियाँ पैदा होती हैं, जिनकी भरपाई बड़ी मात्रा में संपत्तियों से होती है। औसतन, बड़े अमेरिकी मनी सेंटर बैंकों के पास शेयरधारकों की इक्विटी के प्रत्येक डॉलर पर 10 डॉलर की देनदारियाँ होती हैं, जो वे अपनी बहीख़ातों में दिखाते हैं। वॉरेन का यही मतलब है जब वह कहते हैं कि बैंक अत्यधिक लीवरेज़ वाले व्यवसाय हैं, हालाँकि कुछ अपवाद भी हैं और इनमें से एक एमऐंडटी बैंक है, जो लंबे समय से

वॉरेन का पसंदीदा बैंक है। एमऐंडटी का अनुपात 7.7 है, जो इसके प्रबंधन की ऋण देने की अधिक रूढ़िवादी प्रथाओं को दर्शाता है।

यहाँ सरल नियम यह है कि अगर हम किसी वित्तीय संस्थान को नहीं देख रहे हैं, तब तक अगर हम शेयरधारकों के इक्विटी अनुपात में समायोजित ऋण को 0.80 (जितना कम उतना बेहतर) से नीचे देखते हैं, तो इस बात की अच्छी संभावना है कि संबंधित कंपनी के पास प्रतिष्ठित स्थायी प्रतिस्पर्धी लाभ है, जिसे हम खोज रहे हैं।

और जो मनुष्य खोज रहा है, उसे पाना हमेशा अच्छी बात है, ख़ासकर यदि कोई अमीर बनना चाहता है।

अध्याय 43

शेयरधारकों की इक्विटी/बुक वैल्यू

बैलेंस शीट/शेयरधारकों की इक्विटी	
($ मिलियन में)	
कुल देनदारियाँ	$21,525
प्रिफ़र्ड स्टॉक	0
कॉमन स्टॉक	1,296
अतिरिक्त भुगतान की गई पूँजी	7,378
रिटेन्ड आय	36,235
ट्रेज़री स्टॉक-कॉमन	−23,375
→ कुल शेयरधारकों की इक्विटी	21,534
कुल देनदारियाँ और शेयरधारकों की इक्विटी	$43,069

जब आप अपनी सभी संपत्तियों में से अपनी सभी देनदारियाँ घटा देते हैं, तो आपको अपनी नेट वर्थ प्राप्त हो जाती है। यदि आप किसी कंपनी की कुल संपत्तियों में से उसकी कुल देनदारियाँ घटा देते हैं, तो

आपको कंपनी की नेट वर्थ मिलती है, जिसे शेयरधारकों की इक्विटी या कंपनी की बुक वैल्यू के रूप में भी जाना जाता है। यह वह धनराशि है, जो कंपनी के मालिकों/शेयरधारकों ने कंपनी को चालू रखने के लिए शुरू में लगाई और छोड़ी है। शेयरधारकों की इक्विटी का हिसाब 'कैपिटल स्टॉक' शीर्षक के तहत रखा जाता है, जिसमें प्रिफ़र्ड और कॉमन स्टॉक, पेड इन कैपिटल और रिटेन्ड अर्निंग्स शामिल हैं। कुल देनदारियों और कुल शेयरहोल्डर्स इक्विटी को जोड़ देंगे, तो आपको जो धनराशि मिलती है, वह टोटल एसेट्स (कुल संपत्तियों) के बराबर होनी चाहिए, इसीलिए इसे बैलेंस शीट कहा जाता है – दोनों हिस्से संतुलन में होते हैं।

शेयरधारकों की इक्विटी हमारे लिए एक महत्त्वपूर्ण संख्या इसलिए है, क्योंकि इसके बाद हम शेयरधारकों की इक्विटी पर रिटर्न (मुनाफ़े) की गणना कर सकते हैं। इससे हमें यह तय करने में मदद मिलती है कि संबंधित कंपनी के पक्ष में कोई दीर्घकालीन प्रतिस्पर्धात्मक लाभ काम कर रहा है या नहीं।

तो आइए, इसका पता लगाते हैं।

अध्याय 44

प्रिफ़र्ड और कॉमन स्टॉक : अतिरिक्त पेड इन कैपिटल

शेयरधारकों की इक्विटी

($ मिलियन में)

→ प्रिफ़र्ड स्टॉक	$0
→ कॉमन स्टॉक	880
→ अतिरिक्त भुगतान की गई पूँजी	7,378
रिटेन्ड आय	36,235
ट्रेज़री स्टॉक–कॉमन	–23,375
अन्य इक्विटी	626
कुल शेयरधारकों की इक्विटी	$21,744

कोई कंपनी जनता को बॉन्ड या स्टॉक (इक्विटी) बेचकर नई पूँजी जुटा सकती है। बॉन्ड बेचकर जुटाए गए पैसे को भविष्य में किसी समय वापस चुकाना होगा। यह उधार लिया हुआ पैसा है, लेकिन जब कंपनी जनता को प्रिफ़र्ड या कॉमन स्टॉक (जिसे 'इक्विटी' कहा जाता

है) बेचकर पैसे जुटाती है, तो उसे कभी भी लौटाना नहीं पड़ता। यह पैसा हमेशा के लिए कंपनी का हो जाता है। इसके साथ कंपनी जो चाहे वह कर सकती है।

कॉमन या सामान्य स्टॉक कंपनी में स्वामित्व को दर्शाता है। कॉमन स्टॉक के मालिक कंपनी के मालिक होते हैं। उन्हें बोर्ड ऑफ़ डायरेक्टर्स (संचालक मंडल) चुनने का अधिकार होता है, जो बदले में कंपनी को चलाने के लिए एक सीईओ को नियुक्त करेगा। यदि बोर्ड ऑफ़ डायरेक्टर्स डिविडेंड की घोषणा करता है, तो कॉमन शेयरहोल्डर्स को डिविडेंड मिलता है। और अगर पूरी कंपनी बेच दी जाती है, तो पूरा पैसा आम शेयरधारकों को मिलता है।

इक्विटी की एक दूसरी श्रेणी भी होती है, जिसे प्रिफ़र्ड स्टॉक कहा जाता है। प्रिफ़र्ड शेयरहोल्डर्स के पास वोटिंग राइट्स नहीं होते, लेकिन उनके पास एक निश्चित या समायोज्य डिविडेंड प्राप्त करने का अधिकार होता है, जिसका भुगतान कॉमन स्टॉकहोल्डर्स को डिविडेंड देने से पहले किया जाना चाहिए। कंपनी के दिवालिया होने की स्थिति में भी प्रिफ़र्ड शेयरधारकों को आम शेयरधारकों पर प्राथमिकता मिलती है।

बैलेंस शीट के नज़रिये से प्रिफ़र्ड और कॉमन स्टॉक को उनकी फ़ेस वैल्यू पर बहीख़ातों में दर्ज किया जाता है। जब कंपनी ने शेयर जारी किए, तब फ़ेस वैल्यू से अधिक जो भी पैसा मिला, उसे बहीख़ातों में 'पेड इन कैपिटल' के रूप में दर्ज किया जाता है, यानी अगर कंपनी के प्रिफ़र्ड स्टॉक की फ़ेस वैल्यू 100 डॉलर प्रति शेयर है और इसने इसे जनता को 120 डॉलर प्रति शेयर के भाव पर बेचा, तो 100 डॉलर प्रति शेयर बहीख़ातों में प्रिफ़र्ड स्टॉक के रूप में दर्ज किया जाएगा और 20 डॉलर प्रति शेयर पेड इन कैपिटल के तहत दर्ज किया जाएगा।

यही बात कॉमन स्टॉक (सामान्य शेयर) पर भी लागू होती है, मान लीजिए कि इसकी फ़ेस वैल्यू 1 डॉलर प्रति शेयर है। यदि कंपनी इसे जनता को 10 डॉलर प्रति शेयर के भाव पर जारी करती है, तो इसे बैलेंस शीट पर कॉमन स्टॉक के तहत 1 डॉलर प्रति शेयर के रूप में लिया जाएगा और 9 डॉलर पेड इन कैपिटल के अंतर्गत लिया जाएगा।

प्रिफ़र्ड स्टॉक के बारे में अजीब बात यह है कि जिन कंपनियों के पास स्थायी प्रतिस्पर्धी लाभ होता है, उनके पास प्रिफ़र्ड स्टॉक होते ही नहीं हैं। ऐसा आंशिक रूप से इसलिए है, क्योंकि उन पर कोई क़र्ज़ नहीं होता। वे इतने पैसे कमाती हैं कि स्व-वित्तपोषण कर लेती हैं। और हालाँकि प्रिफ़र्ड स्टॉक तकनीकी दृष्टि से इक्विटी है, क्योंकि इसमें कंपनी द्वारा प्राप्त मूल धन को कभी नहीं लौटाना पड़ता, लेकिन यह ऋण की तरह काम करता है, क्योंकि इसमें डिविडेंड देना पड़ता है। ध्यान दें, ऋण पर दिए जाने वाले ब्याज के मामले में कंपनी कर-पूर्व आय से कटौती कर सकती है, लेकिन प्रिफ़र्ड स्टॉक पर दिया जाने वाला डिविडेंड कटौती योग्य नहीं होता। इसका मतलब है कि प्रिफ़र्ड शेयर जारी करना बहुत महँगा पड़ता है। चूँकि यह महँगा सौदा है, इसलिए कंपनियाँ यथासंभव इससे दूर रहना चाहती हैं। इसलिए स्थायी प्रतिस्पर्धी लाभ वाली कंपनी की हमारी खोज में हम जिन संकेतों की तलाश करते हैं, उनमें से एक यह है कि इसकी पूँजी संरचना में प्रिफ़र्ड स्टॉक न हो।

अध्याय 45

रिटेन्ड अर्निंग्स :
बेहद अमीर बनने का वॉरेन का रहस्य

बैलेंस शीट/शेयरधारकों की इक्विटी

($ मिलियन में)

प्रिफ़र्ड स्टॉक	$0
कॉमन स्टॉक	1,296
अतिरिक्त भुगतान की गई पूँजी	7,378
→ रिटेन्ड आय	36,235
ट्रेज़री स्टॉक–कॉमन	−23,375
कुल शेयरधारकों की इक्विटी	$21,534

अंततः किसी कंपनी की शुद्ध आय का उपयोग तीन तरह से किया जा सकता है। या तो डिविडेंड दिया जाए या फिर कंपनी के शेयर बाइबैक किए जाएँ या फिर इसका इस्तेमाल व्यवसाय को बढ़ाने के लिए किया जाए (रिटेन्ड)। जब इसे व्यवसाय में दोबारा इस्तेमाल किया जाता है,

तो इसे बैलेंस शीट में शेयरहोल्डर्स इक्विटी के तहत रिटेन्ड अर्निंग्स नामक अकाउंट में जोड़ दिया जाता है।

यदि शुद्ध आय को रिटेन यानी रोककर रखा जाता है और इसका लाभकारी इस्तेमाल किया जाता है, तो इससे कंपनी की दीर्घकालीन आर्थिक तसवीर बहुत बेहतर हो सकती है। यह बर्कशायर की 100 प्रतिशत शुद्ध आय को रोककर रखने की नीति थी, जिसकी वजह से इसके शेयरधारकों की इक्विटी 1965 में 19 डॉलर प्रति शेयर से बढ़कर 2007 में 78,000 डॉलर प्रति शेयर हो गई।

कंपनी के रिटेन्ड अर्निंग्स भंडार में कितनी वार्षिक शुद्ध आय जोड़ी गई है, यह पता लगाने के लिए हम टैक्स के बाद कंपनी की शुद्ध आय में से कंपनी के दिए डिविडेंड को घटाते हैं और उस साल शेयरों के बाइबैक में किए गए ख़र्च को भी घटा देते हैं। 2007 में कोका-कोला की कर-पश्चात शुद्ध आय 5.9 अरब डॉलर थी और इसने डिविडेंड तथा स्टॉक बाइबैक में 3.1 अरब डॉलर का भुगतान किया। इस तरह कंपनी के रिटेन्ड अर्निंग्स वाले भंडार में लगभग 2.8 अरब डॉलर शुद्ध आय जुड़ गई।

रिटेन्ड अर्निंग्स एक संचित संख्या है, जिसका अर्थ है कि हर वर्ष की नई रिटेन्ड अर्निंग्स पिछले वर्षों की संचित रिटेन्ड अर्निंग्स के योग में जोड़ दी जाती है। इसी तरह, यदि कंपनी को घाटा होता है, तो कंपनी की संचित रिटेन्ड अर्निंग्स में से घाटे को घटा दिया जाता है। यदि कंपनी को संचित रिटेन्ड अर्निंग्स से ज़्यादा घाटा हुआ है, तो रिटेन्ड अर्निंग्स की संख्या नकारात्मक दिखाई देगी।

बैलेंस शीट की सभी संख्याओं में यह बेहद महत्त्वपूर्ण संख्या है, जो यह तय करने में हमारी मदद कर सकती है कि कंपनी के पास स्थायी प्रतिस्पर्धी लाभ है या नहीं। यह इसलिए महत्त्वपूर्ण है, क्योंकि यदि कंपनी अपनी रिटेन्ड अर्निंग्स में कुछ नहीं जोड़ रही है, तो इसकी नेट वर्थ नहीं बढ़ रही है। और अगर इसकी नेट वर्थ नहीं बढ़ रही है, तो इसके हमें लंबे समय में बेहद अमीर बनाने की कोई संभावना नहीं है।

सीधे शब्दों में कहें तो, किसी कंपनी की रिटेन्ड अर्निंग्स की वृद्धि दर एक अच्छा संकेत है कि उसके पास स्थायी प्रतिस्पर्धी लाभ है या नहीं। आइए, स्थायी प्रतिस्पर्धी लाभ वाली वॉरेन की कुछ पसंदीदा कंपनियों पर

नज़र डालें : कोका-कोला पिछले पाँच वर्षों से 7.9 प्रतिशत की वार्षिक दर से अपने रिटेन्ड अर्निंग्स भंडार को बढ़ा रही है, रिगले 10.9 प्रतिशत से, बर्लिंगटन नॉर्दर्न सांता फ़े रेलवे 15.6 प्रतिशत से, अनहेसर-बुश 6.4 प्रतिशत से, वेल्स फ़ार्गो 14.2 प्रतिशत से, जबकि वॉरेन की ख़ुद की बर्कशायर हैथवे असाधारण 23 प्रतिशत की वार्षिक दर से अपने रिटेन्ड अर्निंग्स भंडार को बढ़ा रही है।

रिटेन्ड अर्निंग्स में सारी वृद्धि इसके विद्यमान प्रॉडक्ट्स की बिक्री बढ़ने की वजह से नहीं होती। इसमें से कुछ दूसरी कंपनियों के अधिग्रहण की बदौलत भी होती है। जब दो कंपनियों का विलय होता है, तो उनकी रिटेन्ड अर्निंग्स के भंडार जुड़ जाते हैं, जिससे भंडार और ज़्यादा बड़ा हो जाता है। उदाहरण के तौर पर, 2005 में प्रॉक्टर ऐंड गैंबल का जिलेट कंपनी के साथ विलय होने पर उसकी रिटेन्ड अर्निंग्स 13 बिलियन डॉलर से बढ़कर 31 बिलियन डॉलर हो गई।

इससे भी अधिक दिलचस्प तथ्य यह है कि जनरल मोटर्स और माइक्रोसॉफ़्ट दोनों ही नकारात्मक रिटेन्ड अर्निंग्स दिखाते हैं। ऑटो व्यवसाय की ख़राब अर्थव्यवस्था के कारण जनरल मोटर्स नकारात्मक संख्या दिखाता है, जिसकी वजह से कंपनी को अरबों का घाटा होता है। माइक्रोसॉफ़्ट ऋणात्मक संख्या इसलिए दिखाता है, क्योंकि उसने निर्णय लिया है कि इसका आर्थिक इंजन इतना शक्तिशाली है कि इसे वर्षों से एकत्र की गई भारी पूँजी को बनाए रखने की आवश्यकता नहीं है। इस कारण इसने अपनी संचित रिटेन्ड अर्निंग्स का अधिकांश हिस्सा स्टॉक बाइबैक और डिविडेंड पर ख़र्च करने का विकल्प चुना है।

बर्कशायर हैथवे के साथ वॉरेन की सफलता का एक बड़ा रहस्य यह है कि जिस दिन उन्होंने कंपनी की बागडोर थामी, उसी दिन उन्होंने डिविडेंड देना बंद कर दिया। इससे कंपनी की शत-प्रतिशत वार्षिक शुद्ध आय रिटेन्ड अर्निंग्स भंडार में जुड़ने लगी। जैसे-जैसे अवसर सामने आए, उन्होंने कंपनी की रिटेन्ड अर्निंग्स का निवेश ऐसे व्यवसायों में किया, जिन्होंने और भी ज़्यादा पैसा कमाया, और उस पैसे को दोबारा रिटेन्ड अर्निंग्स में जोड़ दिया गया और अंतत: और भी ज़्यादा पैसा बनाने वाले कार्यों में निवेश किया गया। जैसे-जैसे समय बीतता गया, बर्कशायर की रिटेन्ड अर्निंग्स के बढ़ते

भंडार ने अधिकाधिक पैसे कमाने की क्षमता बढ़ा दी। 1965 से 2007 तक बर्कशायर के रिटेन्ड अर्निंग्स के बढ़ते भंडार ने अपनी कर-पूर्व आय को 1965 में 4 डॉलर प्रति शेयर से बढ़ाकर 2007 में 13,023 डॉलर प्रति शेयर करने में मदद की, जो लगभग 21 प्रतिशत की औसत वार्षिक वृद्धि दर है।

सिद्धांत सरल है : कोई कंपनी जितने अधिक मुनाफ़े को अपने पास रोककर रखती है, वह उतनी ही तेज़ी से अपने रिटेन्ड अर्निंग्स भंडार को बढ़ाती है, जिससे बदले में भावी मुनाफ़े की विकास दर बढ़ती है। निस्संदेह, समस्या यह है कि उसे स्थायी प्रतिस्पर्धी लाभ वाली कंपनियों को ख़रीदते रहना होगा। वॉरेन ने बर्कशायर हैथवे के साथ बिलकुल यही किया है। बर्कशायर उस मुर्गी की तरह है, जो न केवल सोने के अंडे देती रहती है, बल्कि ऐसे प्रत्येक अंडे में से सोने के अंडे देने वाली एक और मुर्गी निकलती है, जो दिए जाने वाले सोने के अंडों की संख्या को बढ़ा देती है। वॉरेन ने पता लगाया है कि यदि आप इस प्रक्रिया को लंबे समय तक जारी रखते हैं, तो अंतत: आपकी नेट वर्थ लाखों के बजाय अरबों में पहुँच जाएगी।

अध्याय 46

ट्रेज़री स्टॉक* : वॉरेन इसे बैलेंस शीट पर देखना पसंद करते हैं

बैलेंस शीट/शेयरधारकों की इक्विटी	
($ मिलियन में)	
प्रिफ़र्ड स्टॉक	$0
कॉमन स्टॉक	1,296
अतिरिक्त भुगतान की गई पूँजी	7,378
रिटेन्ड आय	36,235
→ ट्रेज़री स्टॉक–कॉमन	–23,375
कुल शेयरधारकों की इक्विटी	$21,534

जब कोई कंपनी अपने शेयर बाइबैक करती है, तो वह उनके साथ दो काम कर सकती है। यह उन्हें रद्द कर सकती है या फिर उन्हें अपने

* संयुक्त राज्य अमेरिका में जिसे ट्रेज़री स्टॉक कहा जाता है, उसे यूनाइटेड किंगडम में ट्रेज़री शेयर के नाम से जाना जाता है।

पास रोक कर रख सकती है, ताकि बाद में उन्हें दोबारा ईशू कर दे। अगर यह उन्हें रद्द कर देती है, तो शेयरों का अस्तित्व समाप्त हो जाता है, लेकिन अगर यह उन्हें बाद में ईशू करने की संभावना के साथ रोककर रखती है, तो उन्हें बैलेंस शीट में शेयरधारकों की इक्विटी के तहत ट्रेज़री स्टॉक के रूप में रखा जाता है। ट्रेज़री स्टॉक के रूप में रखे गए शेयरों के पास कोई वोटिंग अधिकार नहीं होता, न ही उन्हें डिविडेंड मिलता है और हालाँकि वे संपत्ति माने जा सकते हैं, लेकिन बैलेंस शीट पर उनका नकारात्मक मूल्य दिखाया जाता है, क्योंकि वे शेयरधारकों की इक्विटी में कमी का प्रतिनिधित्व करते हैं।

स्थायी प्रतिस्पर्धी लाभ वाली कंपनियों की शानदार अर्थव्यवस्था के कारण उनके पास बहुत सारी स्वतंत्र नक़दी होती है, जिससे वे अपने शेयरों का बाइबैक कर सकती हैं। इस प्रकार स्थायी प्रतिस्पर्धी लाभ वाली कंपनी की एक पहचान यह है कि इसकी बैलेंस शीट में ट्रेज़री शेयर मौजूद होने चाहिए।

ट्रेज़री शेयरों के संबंध में जागरूक होने के लिए कई अन्य वित्तीय घटक हैं। एक यह है कि जब कोई कंपनी अपने शेयरों का बाइबैक करती है, और उन्हें ट्रेज़री स्टॉक के रूप में रखती है, तो यह वास्तव में कंपनी की इक्विटी को कम कर रही है, जिससे कंपनी की इक्विटी पर शेयरधारकों का रिटर्न बढ़ जाता है। चूँकि शेयरधारकों की इक्विटी पर उच्च मुनाफ़ा स्थायी प्रतिस्पर्धी लाभ का संकेत है, इसलिए यह जानना अच्छा है कि क्या इक्विटी पर उच्च मुनाफ़ा वित्तीय इंजीनियरिंग या असाधारण व्यावसायिक अर्थशास्त्र द्वारा या दोनों के संयोजन के कारण उत्पन्न हो रहा है। वास्तविक स्थिति जानने के लिए ट्रेज़री शेयरों के नकारात्मक मूल्य को सकारात्मक संख्या में बदलें और इसे घटाने के बजाय शेयरधारकों की इक्विटी में जोड़ें, फिर कंपनी के शुद्ध मुनाफ़े को शेयरधारकों की कुल नई इक्विटी से विभाजित करें। इससे हमें वित्तीय इंजीनियरिंग के प्रभाव को छोड़कर इक्विटी पर कंपनी का रिटर्न मिल जाएगा।

इसके अलावा, संयुक्त राज्य अमेरिका में करारोपण के संबंध में ट्रेज़री शेयर बकाया शेयरों के भंडार का हिस्सा नहीं होते हैं। बेईमान क़िस्म के लोग आयकर विभाग को यह दिखाएँगे कि उनके पास सभी बकाया शेयरों का

केवल 49 प्रतिशत हिस्सा है, लेकिन अगर वे ट्रेज़री शेयरों को घटाते हैं, जैसा कि क़ानून कहता है कि उन्हें करना चाहिए, तो उनके पास वास्तव में 50 प्रतिशत से अधिक का नियंत्रण होता है, जो उन्हें व्यवसाय का नियंत्रण देता है और संभावित रूप से उन्हें व्यक्तिगत होल्डिंग कंपनी कर के लिए उत्तरदायी बनाता है।

आइए इस अध्याय को एक सरल नियम के साथ ख़त्म करते हैं : बैलेंस शीट पर ट्रेज़री शेयरों की उपस्थिति और शेयरों के बाइबैक का इतिहास, ये दोनों ही इस बात के अच्छे संकेत हैं कि संबंधित कंपनी के पास स्थायी प्रतिस्पर्धी लाभ है, जो उसके पक्ष में काम कर रहा है।

अध्याय 47

शेयरधारकों की इक्विटी पर मुनाफ़ा : भाग एक

बैलेंस शीट/शेयरधारकों की इक्विटी	
($ मिलियन में)	
प्रिफ़र्ड स्टॉक	$0
कॉमन स्टॉक	1,296
अतिरिक्त भुगतान की गई पूँजी	7,378
रिटेन्ड आय	36,235
ट्रेज़री स्टॉक–कॉमन	–23,375
कुल शेयरधारकों की इक्विटी	$21,534

शेयरधारकों की इक्विटी कंपनी की कुल संपत्ति से उसकी कुल देनदारियों को घटाने पर निकलती है। यह प्रिफ़र्ड और कॉमन स्टॉक की कुल रकम के बराबर होती है, जिसमें पेड इन कैपिटल और रिटेन्ड अर्निंग्स जुड़ी होती हैं, लेकिन ट्रेज़री स्टॉक घटा दिए जाते हैं।

शेयरधारकों की इक्विटी के तीन स्रोत हैं। एक तो वह पूँजी है, जो मूल रूप से जनता को प्रिफ़र्ड और कॉमन स्टॉक बेचकर जुटाई गई थी। दूसरा स्रोत है, कंपनी के चालू होने के बाद जनता को प्रिफ़र्ड और कॉमन स्टॉक की बिक्री। तीसरा, और हमारे लिए सबसे महत्त्वपूर्ण, रिटेन्ड अर्निंग्स का संचय है।

चूँकि सारी इक्विटी कंपनी की होती है और चूँकि कंपनी आम शेयरधारकों की होती है, इसलिए इक्विटी भी दरअसल आम शेयरधारकों की ही होती है, इसीलिए इसे शेयरधारकों की इक्विटी कहा जाता है।

अब अगर हम किसी कंपनी के शेयरधारक हैं, तो इस बात में हमारी बहुत दिलचस्पी होगी कि प्रबंधन हमारे पैसे को कितनी अच्छी तरह काम पर लगाता है, ताकि हम और भी ज़्यादा कमा सकें। यदि वे इसमें बुरे हैं तो हम बहुत ख़ुश नहीं होंगे और हो सकता है कि हम उस कंपनी के शेयर बेचकर किसी दूसरी कंपनी के शेयर ख़रीद लें, लेकिन अगर प्रबंधक वास्तव में निवेश की कला में माहिर हैं, तो हम कंपनी के और ज़्यादा शेयर ख़रीद सकते हैं, जैसा कि हर वह व्यक्ति करेगा, जो शेयरधारकों की इक्विटी के कार्यकुशल और लाभदायक उपयोग की प्रबंधन की क्षमता से प्रभावित है। इस उद्देश्य से वित्तीय विश्लेषकों ने शेयरधारकों के धन को आवंटित करने में प्रबंधन की दक्षता के परीक्षण के लिए शेयरधारकों की इक्विटी पर रिटर्न का समीकरण विकसित किया। यह एक ऐसा समीकरण है, जिसे स्थायी प्रतिस्पर्धी लाभ वाली कंपनी की खोज में वॉरेन बहुत महत्त्व देते हैं और यह हमारे अगले अध्याय का विषय है।

अध्याय 48

शेयरधारकों की इक्विटी पर मुनाफ़ा : भाग दो

गणना : शुद्ध आय को शेयरधारकों की इक्विटी से विभाजित करने पर शेयरधारकों की इक्विटी पर रिटर्न मिलता है।

वॉरेन ने जो खोजा है, वह यह है कि जो कंपनियाँ स्थायी या दीर्घकालीन प्रतिस्पर्धात्मक लाभ से लाभान्वित होती हैं, वे शेयरधारकों की इक्विटी पर औसत से अधिक रिटर्न (मुनाफ़ा) दिखाती हैं। वॉरेन की पसंदीदा कोका-कोला शेयरधारकों की इक्विटी पर 30 प्रतिशत का रिटर्न दिखाती है, रिगले 24 प्रतिशत, हर्शी 33 प्रतिशत और पेप्सी 34 प्रतिशत।

यदि एयरलाइंस जैसे अत्यधिक प्रतिस्पर्धी व्यवसाय में पहुँचें, जहाँ किसी भी कंपनी के पास स्थायी प्रतिस्पर्धात्मक लाभ नहीं है, तो वहाँ इक्विटी पर रिटर्न नाटकीय रूप से कम हो जाता है। यूनाइटेड एयरलाइंस जिस वर्ष पैसा कमाती है, 15 प्रतिशत रिटर्न देती है, और अमेरिकन एयरलाइंस 4 प्रतिशत रिटर्न देती है। डेल्टा एयरलाइंस और नॉर्थवेस्ट में रिटर्न देने का कोई प्रश्न ही नहीं उठता, क्योंकि वे पैसे ही नहीं कमाती हैं।

इक्विटी पर उच्च रिटर्न का मतलब है कि कंपनी अपने मुनाफ़े का अच्छा उपयोग कर रही है। जैसे-जैसे समय बीतता जाता है, इक्विटी पर ये उच्च रिटर्न व्यवसाय के अंतर्निहित मूल्य को बढ़ाते जाएँगे, जिसे समय के साथ अंततः शेयर बाज़ार मान्यता देगा और कंपनी के शेयर का भाव बढ़ा देगा।

कृपया ध्यान दें : कुछ कंपनियाँ इतनी लाभदायक होती हैं कि उन्हें अपने पास मुनाफ़े को रोककर रखने की ज़रूरत ही नहीं होती, इसलिए वे सारा मुनाफ़ा शेयरधारकों में बाँट देती हैं। इन मामलों में हम कभी-कभी शेयरधारकों की इक्विटी के लिए नकारात्मक संख्या देखेंगे। यहाँ ख़तरा यह है कि दिवालिया कंपनियाँ भी शेयरधारकों की इक्विटी के लिए नकारात्मक संख्या दिखाएँगी। यदि कंपनी मज़बूत शुद्ध मुनाफ़े का लंबा इतिहास दिखाने के साथ-साथ नकारात्मक शेयरधारकों की इक्विटी भी दिखाती है, तो यह संभवत: स्थायी प्रतिस्पर्धी लाभ वाली कंपनी है। दूसरी ओर, यदि कंपनी शेयरधारकों की नकारात्मक इक्विटी और शुद्ध घाटे का इतिहास दोनों दिखाती है, तो हम शायद एक औसत दर्जे की कंपनी को देख रहे हैं, जो प्रतिस्पर्धियों से पिट रही है।

तो यहाँ नियम यह है : शेयरधारकों की इक्विटी पर उच्च रिटर्न का अर्थ है 'आओ खेलें'। शेयरधारकों की इक्विटी पर कम रिटर्न का मतलब है 'दूर रहें'।

समझ गए? ठीक है, चलिए आगे बढ़ते हैं।

अध्याय 49

लीवरेज़ के साथ समस्या और यह आपके साथ कौन सी चालें चल सकता है

लीवरेज़ कंपनी का मुनाफ़ा बढ़ाने के लिए क़र्ज़ का इस्तेमाल करता है। कंपनी 7 प्रतिशत पर 100 मिलियन डॉलर उधार लेती है और उस पैसे का इस्तेमाल उस काम में करती है, जहाँ उसे 12 प्रतिशत की कमाई होती है। इसका मतलब है कि यह अपनी पूँजीगत लागत से 5 प्रतिशत ज़्यादा कमा रही है। इसका परिणाम यह होता है कि कंपनी का मुनाफ़ा सीधे-सीधे 5 मिलियन डॉलर बढ़ जाता है, जिससे इक्विटी पर रिटर्न भी बढ़ जाता है।

लीवरेज़ के साथ समस्या यह है कि यह ऐसा दिखा सकता है कि कंपनी के पास किसी तरह का प्रतिस्पर्धी लाभ है, जबकि वास्तव में यह केवल भारी ऋण का उपयोग कर रही है। वॉल स्ट्रीट निवेश बैंक कमाई उत्पन्न करने के लिए बहुत बड़ी मात्रा में लीवरेज़ के इस्तेमाल के लिए कुख्यात हैं। मान लें कि वे 6 प्रतिशत पर 100 अरब डॉलर उधार लेते हैं और फिर इसे 7 प्रतिशत पर उधार दे देते हैं, तो इसका मतलब यह है कि वे 100 अरब डॉलर के ऋण पर 1 प्रतिशत कमा रहे हैं, जो 1 अरब डॉलर के बराबर है। यदि यह 1 अरब डॉलर की राशि साल-दर-साल दिखती रहे, तो किसी प्रकार के स्थायी प्रतिस्पर्धी लाभ का भ्रम हो सकता है, भले ही वहाँ कोई स्थायी प्रतिस्पर्धी लाभ न हो।

समस्या यह है कि हालाँकि ऐसा प्रतीत होता है कि निवेश बैंक की आय में स्थिरता है, लेकिन हो सकता है कि जिस वास्तविक स्रोत से इसे ब्याज मिल रहा है, वह इसे आगे न चुका पाए। सबप्राइम लेंडिंग संकट में यही हुआ था, जिसकी वजह से बैंकों को सैकड़ों अरब डॉलर का नुक़सान हुआ। मान लेते हैं कि उन्होंने 6 प्रतिशत पर अरबों उधार लिए और सबप्राइम घर ख़रीदने वालों को 8 प्रतिशत पर ऋण दिया, जिससे उन्हें बहुत सारा पैसा मिला, लेकिन जब अर्थव्यवस्था गिरने लगी, तो सबप्राइम घर ख़रीदने वाले अपने हाउस लोन की क़िस्त नहीं चुका पाए, जिसका मतलब था कि उन्होंने ब्याज देना बंद कर दिया। इन सबप्राइम उधार लेने वालों के पास आमदनी का स्थायी स्रोत नहीं था, जिसका अंतत: अर्थ यह निकला कि निवेश बैंकों की आमदनी का स्रोत भी अस्थायी निकला।

किसी कंपनी के प्रतिस्पर्धी लाभ की गुणवत्ता और स्थायित्व का आकलन करते समय वॉरेन ने उन कंपनियों से बचना सीख लिया है, जो मुनाफ़ा उत्पन्न करने के लिए बहुत अधिक लीवरेज़ का इस्तेमाल करती हैं। अल्पकाल में वे सोने के अंडे देने वाली मुर्गी प्रतीत होती हैं, लेकिन लंबे समय में वे ऐसी नहीं निकलतीं।

कैशफ़्लो स्टेटमेंट

"एक व्यवसाय बढ़ता है और ऐसा करने के लिए उसे बहुत अधिक पूँजी की ज़रूरत होती है। दूसरा व्यवसाय बढ़ता है और उसे पूँजी की ज़रूरत नहीं होती। इन दोनों व्यवसायों के बीच में बहुत बड़ा अंतर होता है।"

-वॉरेन बफ़ेट

अध्याय 50

कैशफ़्लो स्टेटमेंट : नक़दी खोजने के लिए वॉरेन यहीं जाते हैं

अधिकांश कंपनियाँ नक़द पद्धति के बजाय लेखांकन की एक्रुअल पद्धति का उपयोग करती हैं। एक्रुअल पद्धति में बिक्री तब दिखाई जाती है, जब सामान दरवाज़े से बाहर चला जाता है, भले ही ख़रीदार को भुगतान देने में वर्षों लग जाएँ। नक़द पद्धति में बिक्री तब दिखाई जाती है, जब नक़दी कंपनी की तिजोरी में आ जाती है। चूँकि लगभग सभी व्यवसाय अपने ख़रीदारों को भुगतान के मामले में किसी न किसी तरह की समय की मोहलत देते हैं, इसलिए कंपनियों ने एक्रुअल विधि का उपयोग करना अधिक फ़ायदेमंद पाया है, जो उन्हें इनकम स्टेटमेंट में अकाउंट रिसीवेबल के तहत क्रेडिट पर बिक्री को आय के रूप में दिखाने की अनुमति देती है।

चूँकि लेखांकन की एक्रुअल पद्धति क्रेडिट पर बिक्री को आय के रूप में दिखाने की अनुमति देती है, इसलिए कंपनियों के लिए व्यवसाय के अंदर और बाहर प्रवाहित होने वाली वास्तविक नक़दी की अलग-अलग निगरानी रखना आवश्यक हो गया है। इस प्रयोजन से लेखाकारों ने कैशफ़्लो स्टेटमेंट तैयार किया।

किसी कंपनी के पास शेयरों या बॉन्डों की बिक्री के माध्यम से बहुत अधिक नक़दी आ सकती है, लेकिन हो सकता है कि इसके बावजूद कंपनी लाभदायक न हो। (इसी तरह, एक कंपनी क्रेडिट पर बहुत अधिक

बिक्री कर सकती है, हालाँकि नक़दी बहुत कम आती है और इस तरह वह लाभदायक नज़र आ सकती है।) कैशफ़्लो स्टेटमेंट ही हमें यह बताएगा कि क्या कंपनी में व्यय से ज़्यादा आय हो रही है ('सकारात्मक कैशफ़्लो') या फिर आय से ज़्यादा व्यय हो रहा है ('नकारात्मक कैशफ़्लो')।

कैशफ़्लो स्टेटमेंट इनकम स्टेटमेंट की तरह होते हैं, जो हमेशा एक निर्धारित अवधि के लिए तैयार किए जाते हैं। कंपनी के अकाउंटेंट उन्हें हर तिमाही और वित्तीय वर्ष के लिए बनाते हैं।

कैशफ़्लो स्टेटमेंट में तीन खंड होते हैं : सबसे पहले, परिचालन या ऑपरेटिंग गतिविधियों से आने वाला कैशफ़्लो : यह क्षेत्र नेट इनकम से शुरू होता है और फिर इसमें डेप्रिसिएशन और ऐमर्टिज़ेशन जोड़ दिया जाता है, हालाँकि लेखांकन के दृष्टिकोण से ये वास्तविक व्यय हैं, लेकिन इनमें कोई नक़दी ख़र्च नहीं होती, क्योंकि नक़दी तो बरसों पहले ही ख़र्च की जा चुकी है। अंततः हमारे पास जो आता है, वह ऑपरेटिंग गतिविधियों से प्राप्त कुल नक़दी है।

($ मिलियन में)	
शुद्ध आय	$5,981
मूल्यह्रास	1,163
ऐमर्टिज़ेशन	125
परिचालन गतिविधियों से कुल नक़दी	$7,269

अगला है निवेश परिचालन से कैशफ़्लो : इस क्षेत्र में उस लेखांकन अवधि के लिए किए गए सभी पूँजीगत व्ययों की प्रविष्टि शामिल होती है। पूँजीगत व्यय हमेशा एक नकारात्मक संख्या होते हैं, क्योंकि व्यय होने के कारण ये नक़दी कम करते हैं।

इस श्रेणी में कुछ अन्य निवेश कैशफ़्लो आइटम भी शामिल होते हैं, जो आय-उत्पादक संपत्तियों की ख़रीद और बिक्री से आने-जाने वाली

सभी नक़दी को जोड़ता है। यदि जितनी नक़दी अंदर आती है, उससे ज़्यादा बाहर जाती है, तो यह एक नकारात्मक संख्या है। यदि ख़र्च की तुलना में अधिक नक़दी अंदर आती है, तो यह एक सकारात्मक संख्या है।

इन दोनों प्रविष्टियों को एक साथ जोड़ने पर हमें निवेश गतिविधियों से कुल नक़दी प्राप्त हो जाती है।

($ मिलियन में)	
पूँजीगत व्यय	($1,648)
अन्य निवेश नक़दी प्रवाह मदें	(5,071)
निवेश गतिविधियों से कुल नक़दी	($6,719)

अंत में, फ़ाइनैंसिंग गतिविधियों से कैशफ़्लो वाला खंड आता है : यह फ़ाइनैंसिंग गतिविधियों के कारण किसी कंपनी के अंदर-बाहर प्रवाहित होने वाली नक़दी को मापता है। इसमें डिविडेंड के भुगतान के लिए नक़दी के सभी बाहर होने वाले प्रवाह शामिल हैं। इसमें कंपनी के स्टॉक की बिक्री और ख़रीदारी भी शामिल है। जब कंपनी किसी नए प्लांट को फ़ाइनैंस करने के लिए शेयर बेचती है, तो नक़दी कंपनी के अंदर आती है। जब कंपनी अपने शेयर बाइबैक करती है, तो नक़दी कंपनी से बाहर जाती है। यही चीज़ बॉन्ड के साथ होती है : बॉन्ड बेचेंगे, तो नक़दी अंदर आएगी, बॉन्ड का बाइबैक करेंगे, तो नक़दी बाहर जाएगी, फिर इन तीनों प्रविष्टियों को जोड़ दिया जाता है, ताकि फ़ाइनैंसिंग गतिविधियों से कुल नक़दी का आँकड़ा निकल आए

($ मिलियन में)	
नक़द लाभांश का भुगतान	($3,149)
स्टॉक का निर्गम (रिटायरमेंट), नेट	(219)
ऋण का निर्गम (रिटायरमेंट), नेट	4,341
वित्तपोषण गतिविधियों से कुल नक़द	$973

अब यदि हम परिचालन गतिविधियों से प्राप्त कुल नक़दी को, निवेश गतिविधियों के लिए नक़दी के साथ, वित्तपोषण गतिविधियों से प्राप्त कुल नक़दी के साथ जोड़ देते हैं, तो हमें कंपनी की नक़दी में शुद्ध परिवर्तन मिल जाता है।

($ मिलियन में)	
परिचालन गतिविधियों से कुल नक़दी	$7,269
निवेश गतिविधियों से कुल नक़दी	(6,719)
वित्तपोषण गतिविधियों से कुल नक़दी	973
नक़दी में शुद्ध परिवर्तन	$1,523

वॉरेन ने जो खोजा है, वह यह है कि किसी कंपनी के कैशफ़्लो स्टेटमेंट में मिलने वाली कुछ जानकारी यह तय करने में हमारी मदद करने में बहुत उपयोगी हो सकती है कि संबंधित कंपनी के पास स्थायी प्रतिस्पर्धी लाभ है या नहीं। तो आइए, अपनी आस्तीन चढ़ाएँ और कैशफ़्लो स्टेटमेंट में गोता लगाकर देखें कि वॉरेन क्या देखते हैं, जब वह उस कंपनी की तलाश करते हैं, जो उन्हें अरब डॉलर कमाकर देने वाली है।

अध्याय 51

कैपिटल एक्सपेंडिचर (पूँजीगत व्यय) : उनका न होना अमीर बनने का रहस्य है

कैशफ़्लो स्टेटमेंट

($ मिलियन में)

→ पूँजीगत व्यय	($1,648)
अन्य निवेश नक़दी प्रवाह मदें	(5,071)
निवेश गतिविधियों से कुल नक़दी	($ 6,719)

पूँजीगत व्यय नक़दी या संपत्तियों में समतुल्य ख़र्च हैं, जिनकी प्रकृति अधिक स्थायी होती है। इन्हें एक वर्ष से अधिक समय तक रखा जाता है, जैसे प्रॉपर्टी, प्लांट और मशीनें। इनमें पेटेंट जैसी अमूर्त वस्तुओं के लिए व्यय भी शामिल है। मूल रूप से ये ऐसी संपत्तियाँ हैं, जिन पर व्यय को डेप्रिसिएशन या ऐमर्टिज़ेशन के ज़रिये एक वर्ष से अधिक समय तक किया जाता है। पूँजीगत व्यय को कैशफ़्लो स्टेटमेंट में निवेश परिचालन के तहत दर्ज किया जाता है।

आपकी कंपनी के लिए एक नया ट्रक ख़रीदना एक पूँजीगत व्यय है; ट्रक का मूल्य उसके जीवनकाल में (मान लीजिए छह साल) डेप्रिसिएशन

के माध्यम से ख़र्च किया जाएगा, लेकिन ट्रक में उपयोग किया जाने वाला गैसोलिन एक चालू व्यय है, जिसकी पूरी क़ीमत चालू वर्ष के दौरान आय से घटा दी जाएगी।

जब पूँजीगत व्यय की बात आती है, तो सभी कंपनियाँ समान नहीं होतीं। कई कंपनियों को व्यवसाय में बने रहने के लिए बहुत ज़्यादा पूँजीगत व्यय करना पड़ता है। यदि कई वर्षों तक पूँजीगत व्यय अधिक बना रहता है, तो इसका मुनाफ़े पर गहरा असर पड़ सकता है। वॉरेन ने कहा है कि इसी कारण उन्होंने कभी भी टेलीफ़ोन कंपनियों में निवेश नहीं किया। संचार नेटवर्क बनाने में ज़बरदस्त पूँजीगत व्यय उनके दीर्घकालीन अर्थशास्त्र में बहुत बाधा डालता है।

मोटा नियम यह है, स्थायी प्रतिस्पर्धी लाभ वाली कंपनी में पूँजीगत व्यय उसकी कमाई का एक छोटा हिस्सा होता है, जिसका इस्तेमाल वह परिचालन जारी रखने के लिए करती है, जबकि स्थायी प्रतिस्पर्धी लाभ न होने वाली कंपनी अपनी कमाई का ज़्यादा हिस्सा पूँजीगत व्यय के रूप में करती है। आइए, कुछ उदाहरण देखते हैं।

लंबे समय से वॉरेन की पसंदीदा कोका-कोला ने पिछले दस वर्षों में प्रति शेयर कुल 20.21 डॉलर कमाए, जबकि उसी अवधि में पूँजीगत व्यय में केवल 4.01 डॉलर प्रति शेयर या अपनी कुल कमाई का 19 प्रतिशत ही उपयोग किया। मूडीज़ को वॉरेन ने एक स्थायी प्रतिस्पर्धी लाभ वाली कंपनी के रूप में पहचाना है। उसने पिछले दस वर्षों में 14.24 डॉलर प्रति शेयर कमाया है, जबकि इसने अपने कुल मुनाफ़े के 5 प्रतिशत यानी 0.84 डॉलर प्रति शेयर को पूँजीगत व्यय में ख़र्च किया।

कोक और मूडीज़ की तुलना जीएम से करें, जिसने पिछले दस वर्षों में बीच-बीच में हुए घाटे को घटाने के बाद कुल 31.64 डॉलर प्रति शेयर कमाया, जबकि पूँजीगत व्यय में 140.42 डॉलर प्रति शेयर ख़र्च किया। या टायर निर्माता गुडईयर, जिसने पिछले दस वर्षों में घाटा घटाने के बाद कुल 3.67 डॉलर प्रति शेयर कमाया और इसका कुल पूँजीगत व्यय 34.88 डॉलर प्रति शेयर था।

यदि जीएम ने पूँजीगत व्यय के लिए अपनी कमाई से 444 प्रतिशत अधिक का उपयोग किया और गुडईयर ने 950 प्रतिशत का उपयोग

किया, तो इतना सारा अतिरिक्त पैसा कहाँ से आया? यह बैंक ऋणों और जनता को ढेर सारे नए ऋण बेचने से आया। इस तरह की कार्रवाइयों से इन कंपनियों की बैलेंस शीट पर अधिक ऋण जुड़ जाता है, जिससे ब्याज भुगतान की राशि बढ़ जाती है, जो कभी भी अच्छी बात नहीं है।

हालाँकि कोक और मूडीज़ दोनों के पास स्टॉक बाइबैक कार्यक्रम चलाने के लिए पर्याप्त अतिरिक्त आय है, जिससे बकाया शेयरों की संख्या कम हो जाती है, जबकि साथ ही या तो दीर्घकालीन ऋण को कम किया या रखा जा सकता है। दोनों ही चीज़ें वॉरेन के लिए बहुत सकारात्मक हैं और इन दोनों की वजह से उन्होंने कोका-कोला और मूडीज़ को ऐसे व्यवसाय के रूप में पहचाना है, जिनके पक्ष में स्थायी प्रतिस्पर्धी लाभ सक्रिय है।

जब हम शुद्ध आय के संदर्भ में पूँजीगत व्यय को देखते हैं, तो हम दस साल की अवधि में कंपनी द्वारा किए गए कुल पूँजीगत व्यय को जोड़ते हैं और उसी दस साल की अवधि में कंपनी की कुल शुद्ध आय (मुनाफ़े) के साथ इस आँकड़े की तुलना करते हैं। हम दस साल की अवधि को इसलिए देखते हैं, क्योंकि इससे हमें वास्तव में एक अच्छा दीर्घकालीन परिप्रेक्ष्य मिल जाता है कि व्यवसाय के साथ क्या हो रहा है।

ऐतिहासिक दृष्टि से, स्थायी प्रतिस्पर्धी लाभ वाली कंपनियाँ पूँजीगत व्यय में अपनी शुद्ध आय का बहुत छोटा प्रतिशत लगाती थीं। उदाहरण के लिए, रिगले सालाना अपनी शुद्ध कमाई का लगभग 49 प्रतिशत पूँजीगत व्यय में लगाता है। अल्ट्रिया लगभग 20 प्रतिशत; प्रॉक्टर ऐंड गैंबल 28 प्रतिशत, पेप्सिको 36 प्रतिशत, अमेरिकन एक्सप्रेस 23 प्रतिशत, कोका-कोला 19 प्रतिशत और मूडीज़ 5 प्रतिशत।

वॉरेन ने पाया है कि यदि कोई कंपनी ऐतिहासिक दृष्टि से अपनी वार्षिक शुद्ध आय का 50 प्रतिशत या उससे कम पूँजीगत व्यय में लगा रही है, तो यह स्थायी प्रतिस्पर्धी लाभ की तलाश के लिए एक अच्छी जगह है। यदि यह कंपनी लगातार अपनी शुद्ध कमाई का 25 प्रतिशत से कम पूँजीगत व्यय में लगा रही है, तो इसके पीछे अधिक संभावना है कि कंपनी के पास कोई स्थायी प्रतिस्पर्धी लाभ है, जो उसके पक्ष में काम कर रहा है।

और हम यही तो चाहते हैं कि हमारे पक्ष में एक स्थायी प्रतिस्पर्धी लाभ काम कर रहा हो।

अध्याय 52

शेयर बाइबैक : शेयरधारकों की दौलत बढ़ाने का वॉरेन का करमुक्त तरीक़ा

कैशफ़्लो स्टेटमेंट

वित्तपोषण नक़दी प्रवाह मदें

($ मिलियन में)

कुल नक़द लाभांश का भुगतान	($3,149)
→ स्टॉक का निर्गम (रिटायरमेंट), नेट	(219)
ऋण का निर्गम (रिटायरमेंट), नेट	4,341
वित्तपोषण गतिविधियों से नक़द	$973

उपरोक्त कैशफ़्लो स्टेटमेंट में जिस कंपनी की जाँच की जा रही है, उसने 3,149 मिलियन डॉलर का डिविडेंड दिया, अपने शेयरों के बाइबैक में 219 मिलियन डॉलर ख़र्च किए और 4,341 मिलियन डॉलर का नया ऋण बेचा। इस सबसे कंपनी को वित्तीय गतिविधियों से 973 मिलियन डॉलर की शुद्ध अतिरिक्त नक़दी प्राप्त हुई।

जिन कंपनियों के पक्ष में स्थायी प्रतिस्पर्धी लाभ काम करता है, वे बहुत सारे पैसे कमाती हैं, जिससे इन पैसों से कुछ करने की प्यारी समस्या पैदा होती है। यदि वे इस पर बैठे रहना नहीं चाहते हैं या इसे मौजूदा व्यवसाय में नहीं लगा सकते हैं या निवेश करने के लिए कोई नया व्यवसाय नहीं खोज सकते हैं, तो वे या तो इसे अपने शेयरधारकों को डिविडेंड के रूप में दे सकते हैं या फिर इससे कंपनी के शेयर बाइबैक कर सकते हैं। चूँकि शेयरधारकों को डिविडेंड पर आयकर देना पड़ता है, इसलिए वॉरेन को शेयरधारकों की संपत्ति बढ़ाने के लिए डिविडेंड का उपयोग करने का कभी शौक नहीं रहा। इससे किसी को ख़ुशी नहीं मिलती। वॉरेन को पसंद आने वाली एक बेहतर तरकीब यह है कि कंपनी जो अतिरिक्त पैसा ख़र्च कर रही है, उसमें से कुछ का उपयोग कंपनी के शेयरों के बाइबैक (पुनर्ख़रीदी) में किया जाए। इससे बकाया शेयरों की संख्या कम हो जाती है, जिससे कंपनी में शेष शेयरधारकों का हित बढ़ जाता है और कंपनी की प्रति शेयर आय बढ़ जाती है, जिससे अंततः शेयर का भाव बढ़ जाता है।

आइए, एक उदाहरण देखें : यदि कंपनी ने 10 मिलियन डॉलर कमाए और इसके 1 मिलियन शेयर हैं, तो इसकी प्रति शेयर आय 10 डॉलर होगी। अगर हम शेयरों की संख्या को बढ़ाकर दो मिलियन कर दें, तो प्रति शेयर आय घटकर 5 डॉलर प्रति शेयर हो जाएगी। इसी तरह, अगर हम शेयरों की संख्या को घटाकर 5,00,000 यानी आधा मिलियन कर दें, तो हम प्रति शेयर आय को बढ़ाकर 20 डॉलर प्रति शेयर कर देंगे। कंपनी के शेयरों की संख्या बढ़ने का मतलब है प्रति शेयर कम आय और शेयरों की संख्या घटने का मतलब है प्रति शेयर अधिक आय, यानी अगर कंपनी अपने शेयरों का बाइबैक करती है, तो भले ही वास्तविक शुद्ध आय न बढ़े, फिर भी यह अपनी प्रति शेयर आय बढ़ा सकती है। सबसे अच्छी बात यह है कि शेयरधारकों की संपत्ति में वृद्धि होती है, जिस पर उन्हें अपना स्टॉक बेचने तक टैक्स नहीं देना पड़ता। इसे ऐसा उपहार मानें, जो लगातार लाभ देता रहता है।

वॉरेन इस वित्तीय बाज़ीगरी के इतने बड़े प्रशंसक हैं कि वह जिन उत्कृष्ट कंपनियों में निवेश करते हैं, उनके संचालक मंडल पर डिविडेंड बढ़ाने के बजाय शेयरों का बाइबैक करने का दबाव डालते रहते हैं। उन्होंने

गीको के साथ ऐसा किया और वह द वॉशिंगटन पोस्ट कंपनी के साथ भी ऐसा ही कर रहे हैं।

क्या कोई कंपनी अपने शेयर बाइबैक कर रही है, यह पता लगाने के लिए कैशफ़्लो स्टेटमेंट पर जाएँ, वहाँ कैश फ्रॉम इनवेस्टिंग एक्टिविटीज़ पर निगाह डालें। वहाँ आपको एक शीर्षक मिलेगा, 'स्टॉक (रिटायरमेंट) का निर्गम, नेट', यह प्रविष्टि कंपनी के शेयरों की बिक्री और पुनर्ख़रीद का हिसाब बताती है। अगर कंपनी साल दर साल अपने शेयरों का बाइबैक कर रही है, तो काफ़ी अच्छी संभावना है कि यह एक स्थायी प्रतिस्पर्धी लाभ है, जिससे वह सारी अतिरिक्त नक़दी उत्पन्न हो रही है, जिसकी वजह से कंपनी ऐसा कर पा रही है।

दूसरे शब्दों में, स्थायी प्रतिस्पर्धी लाभ की उपस्थिति का एक प्रबल संकेत कंपनी द्वारा अपने शेयरों का बाइबैक या उन्हें रिटायर करने का 'इतिहास' है।

स्थायी प्रतिस्पर्धी लाभ वाली कंपनी का मूल्यांकन करना

''मैं ऐसे व्यवसायों की तलाश करता हूँ, जिनमें मुझे लगता है कि मैं भविष्यवाणी कर सकता हूँ कि वे दस से पंद्रह वर्षों में कैसे दिखेंगे। रिगलेज़ च्युइंग गम को ही लें। मुझे नहीं लगता कि इंटरनेट की वजह से लोगों के च्युइंग ग़म खाने के तरीक़े में कोई बदलाव आएगा।''

– वॉरेन बफ़ेट

अध्याय 53

वॉरेन का इक्विटी बॉन्ड का क्रांतिकारी विचार और इसने उन्हें कैसे बहुत अमीर बनाया

1980 के दशक के अंत में वॉरेन ने कोलंबिया यूनिवर्सिटी में एक व्याख्यान दिया कि कैसे स्थायी प्रतिस्पर्धी लाभ वाली कंपनियाँ आय वृद्धि में इतनी बड़ी ताक़त और पूर्वानुमान दिखाती हैं कि तीव्र विकास उनके शेयरों को एक प्रकार के इक्विटी बॉन्ड में बदल देता है, जिसमें कूपन या ब्याज का भुगतान लगातार बढ़ता जाता है। 'बॉन्ड' कंपनी का शेयर/इक्विटी है और 'कूपन/ब्याज भुगतान' कंपनी की कर-पूर्व आय है। कंपनी का डिविडेंड नहीं, बल्कि कंपनी की वास्तविक कर-पूर्व आय।

वॉरन इसी तरह पूरे व्यवसाय को ख़रीदते हैं : वह कर-पूर्व आय को देखते हैं और पूछते हैं कि क्या कंपनी के अंतर्निहित अर्थशास्त्र की आर्थिक ताक़त और व्यवसाय के लिए माँगी जा रही क़ीमत को देखते हुए इसे ख़रीदना एक अच्छा सौदा है। जब वह शेयर बाज़ार के माध्यम से किसी कंपनी में आंशिक हिस्सेदारी ख़रीदते हैं, तब भी वह इसी तर्क का इस्तेमाल करते हैं।

किसी कंपनी के शेयरों को इक्विटी/बॉन्ड में वैचारिक रूप से परिवर्तित करने के लिए वॉरेन को जो चीज़ आकर्षित करती है, वह यह है कि कंपनी का स्थायी प्रतिस्पर्धी लाभ इतना मज़बूत अंतर्निहित अर्थशास्त्र

बनाता है कि यह कंपनी के मुनाफ़े में निरंतर वृद्धि का कारण बन जाता है। मुनाफ़े में इस वृद्धि के साथ कंपनी के शेयरों की क़ीमत में भी अंतत: वृद्धि होती है, क्योंकि शेयर बाज़ार कंपनी के अंतर्निहित मूल्य में वृद्धि को स्वीकार करता है।

मैं एक बार फिर दोहराना चाहूँगी कि वॉरेन के लिए स्थायी प्रतिस्पर्धी लाभ वाली कंपनी के शेयर इक्विटी/बॉन्ड के बराबर होते हैं, और कंपनी की कर-पूर्व आय सामान्य बॉन्ड के कूपन या ब्याज भुगतान के बराबर होती है, हालाँकि बॉन्ड का कूपन या ब्याज दर निश्चित होती है, लेकिन वॉरेन के इक्विटी/बॉन्ड का कूपन या ब्याज दर निश्चित नहीं होती, जिससे स्वाभाविक रूप से साल-दर-साल इक्विटी/बॉन्ड का मूल्य बढ़ता जाता है।

यह तब होता है, जब वॉरेन कोई स्थायी प्रतिस्पर्धी लाभ वाली कंपनी ख़रीदते हैं। प्रति शेयर आय समय के साथ बढ़ती रहती है या तो व्यवसाय बढ़ने के कारण या परिचालन के विस्तार के कारण या नई कंपनियाँ ख़रीदने के कारण या फिर कंपनी की तिजोरी में इकट्ठे होने वाले धन से शेयरों के बाइबैक के कारण। मुनाफ़ा बढ़ने के साथ ही वह रिटर्न भी उतना ही बढ़ जाता है, जो वॉरेन इक्विटी बॉन्ड में अपने मूल निवेश पर प्राप्त कर रहे हैं।

आइए, एक उदाहरण देखते हैं कि उनका सिद्धांत कैसे काम करता है।

1980 के दशक के अंत में वॉरेन ने कोका-कोला में 6.50 डॉलर प्रति शेयर के औसत भाव पर शेयर ख़रीदना शुरू किया। उस वक़्त इसकी कर-पूर्व आय 0.70 डॉलर प्रति शेयर थी, जबकि कर-पश्चात आय 0.46 डॉलर थी। ऐतिहासिक दृष्टि से, कोका-कोला की आय लगभग 15 प्रतिशत वार्षिक दर से बढ़ रही थी। इसे देखकर वॉरेन यह तर्क दे सकते थे कि उन्होंने उस समय कोका-कोला का इक्विटी बॉन्ड ख़रीदा है, जो उनके 6.50 डॉलर के निवेश पर 10.7 प्रतिशत की शुरुआती कर-पूर्व ब्याज दर देगा। वह यह तर्क भी दे सकते थे कि यह ब्याज समय के साथ 15 प्रतिशत की अनुमानित वार्षिक दर से बढ़ता रहेगा।

इस बात को समझ लें कि ग्राहम-आधारित मूल्य निवेशकों के विपरीत, वॉरेन यह नहीं कह रहे हैं कि कोका-कोला का वास्तविक मूल्य

60 डॉलर प्रति शेयर है और इसका शेयर 40 डॉलर में बाज़ार में बिक रहा है, इसलिए यह 'अंडरवैल्यूड' है। वह तो यह कह रहे हैं कि 6.50 डॉलर प्रति शेयर के भाव पर उन्हें 10.7 प्रतिशत की अपेक्षाकृत जोखिम-रहित प्रारंभिक कर-पूर्व दर मिल रही थी, जिसके उन्हें आने वाले वर्षों में लगभग 15 प्रतिशत की वार्षिक दर से बढ़ने की उम्मीद थी, फिर उन्होंने ख़ुद से पूछा कि क्या अन्य निवेशों पर जोखिम और रिटर्न की दर को देखते हुए यह एक आकर्षक निवेश है।

ग्राहम-आधारित मूल्य निवेशकों की दिलचस्पी कर-पूर्व 10.7 प्रतिशत की दर में नहीं होगी (जो आगे चलकर प्रति वर्ष 15 प्रतिशत की दर से बढ़ने वाली है), क्योंकि उनकी रुचि तो केवल शेयर के बाज़ार भाव में है और कंपनी की गुणवत्ता की कोई परवाह किए बिना वह अपने निवेश को दो साल से ज़्यादा समय तक रोककर रखना नहीं चाहते, लेकिन वॉरेन तो बीस या अधिक वर्षों के लिए इक्विटी बॉन्ड का मालिक बनने की योजना बना रहे हैं, इसलिए यह उनके सपनों का निवेश है।

यह उनके सपनों का निवेश क्यों है? क्योंकि हर वर्ष बीतने के साथ उनके शुरुआती निवेश पर उनका रिटर्न वास्तव में बढ़ता है और बाद के वर्षों में तो यह बहुत तेज़ी से बढ़ने लगता है। इस पर विचार करें : द वॉशिंगटन पोस्ट कंपनी में वॉरेन के शुरुआती निवेश का भाव 6.36 डॉलर प्रति शेयर था। 34 वर्ष बाद 2007 में यह मीडिया कंपनी प्रति शेयर 54 डॉलर का कर-पूर्व और 34 डॉलर कर-पश्चात रिटर्न अर्जित कर रही है। इससे वॉरेन के वॉशिंगटन पोस्ट इक्विटी बॉन्ड को वर्तमान कर-पूर्व यील्ड 849 प्रतिशत मिलती है और कर-पश्चात यील्ड 534 प्रतिशत मिलती है। (और आप हैरान हो रहे थे कि वॉरेन इतने अमीर कैसे बने!)

तो कोका-कोला इक्विटी बॉन्ड के मामले में वॉरेन का कैसा प्रदर्शन रहा?

2007 तक कोका-कोला की कर-पूर्व आय लगभग 9.35 प्रतिशत की वार्षिक दर से बढ़कर 3.96 डॉलर प्रति शेयर हो गई, जबकि कर-पश्चात आय 2.57 डॉलर प्रति शेयर थी। इसका मतलब यह है कि वॉरेन यह तर्क दे सकते हैं कि उनके कोक इक्विटी बॉन्ड अब उन्हें 6.50 डॉलर प्रति शेयर के मूल निवेश पर 3.96 डॉलर प्रति शेयर का कर-पूर्व रिटर्न दे

रहे हैं, जो 60 प्रतिशत की वर्तमान कर-पूर्व यील्ड और 40 प्रतिशत की वर्तमान कर-पश्चात यील्ड के बराबर है।

शेयर बाज़ार इस रिटर्न को देखकर समय के साथ मूल्य में इस वृद्धि को प्रतिबिंबित करने के लिए अंततः वॉरेन के इक्विटी बॉन्ड का पुनर्मूल्यांकन करेगा और इसका भाव बढ़ा देगा।

इस पर विचार करें : 2007 में दीर्घकालीन कॉर्पोरेट ब्याज दर लगभग 6.5 प्रतिशत थी। इस तरह वॉरेन के वॉशिंगटन पोस्ट इक्विटी बॉन्ड/शेयर, जो कर-पूर्व 54 डॉलर आय/ब्याज भुगतान दे रहे थे, उस वर्ष प्रति इक्विटी बॉन्ड/शेयर लगभग 830 डॉलर (+54/0.65 = 830 डॉलर) मूल्य के थे। 2007 के दौरान वॉरेन के वॉशिंगटन पोस्ट इक्विटी बॉन्ड/शेयरों का बाज़ार भाव 726 डॉलर और 885 डॉलर प्रति शेयर के बीच था, जो कि इक्विटी बॉन्ड के 830 डॉलर प्रति शेयर के पूँजीकृत मूल्य के बिलकुल अनुरूप है।

हम वॉरेन के कोका-कोला इक्विटी बॉन्ड के साथ भी शेयर बाज़ार के पुनर्मूल्यांकन की उसी घटना को देख सकते हैं। 2007 में उन्होंने प्रति इक्विटी बॉन्ड/शेयर पर कर-पूर्व 3.96 डॉलर और कर-पश्चात 2.57 डॉलर प्रति इक्विटी बॉन्ड/शेयर अर्जित किया। 6.5 प्रतिशत की कॉर्पोरेट ब्याज दर पर पूँजीकृत कोक की 3.96 डॉलर की कर-पूर्व आय लगभग 60 डॉलर प्रति इक्विटी बॉन्ड/शेयर (3.96 डॉलर / 0.065 = 60 डॉलर) के बराबर है। 2007 के दौरान शेयर बाज़ार में कोका-कोला का भाव 45 डॉलर और 64 डॉलर प्रति शेयर के बीच चल रहा था।

शेयर बाज़ार अंततः इन कंपनियों के अंतर्निहित मूल्यों में वृद्धि की निगरानी करता है, इसका एक कारण यह है कि उनकी कमाई इतनी सुसंगत है, वे लीवरेज़्ड बाइआउट के लिए खुला निमंत्रण हैं। यदि किसी कंपनी पर बहुत कम क़र्ज़ है और उसके मुनाफ़े का मज़बूत इतिहास है और उसके शेयर की क़ीमत काफ़ी कम हो जाती है, तो दूसरी कंपनी आकर उसे ख़रीद लेगी तथा ख़रीदी गई कंपनी की आय से इस ख़रीदारी को फ़ाइनैंस करेगी। इस प्रकार जब ब्याज दरें गिरती हैं, तो कंपनी की आय अधिक मूल्यवान होती है, क्योंकि इसकी बदौलत यह अधिक ऋण ले सकती है, जिससे कंपनी के शेयरों का मूल्य बढ़ जाता है। दूसरी तरफ़, जब ब्याज दरें बढ़ती

हैं, तो आय का महत्त्व घट जाता है, क्योंकि इसकी बदौलत कम ऋण मिलेगा। इससे कंपनी के शेयर का भाव कम हो जाता है।

वॉरेन ने जो सीखा है, वह यह है कि यदि वे एक स्थायी प्रतिस्पर्धी लाभ वाली कंपनी ख़रीदते हैं, तो शेयर बाज़ार समय के साथ कंपनी के इक्विटी बॉन्ड/शेयरों की क़ीमत उस स्तर पर रखेगा, जो लंबी अवधि में कॉरपोरेट बॉन्ड की यील्ड के सापेक्ष उसकी आय के मूल्य को दर्शाता है। हाँ, कुछ दिन शेयर बाज़ार घोर निराशावादी होता है और कुछ दिन अत्यधिक आशावाद से भरा होता है, लेकिन अंत में यह दीर्घकालीन ब्याज दरें ही हैं, जो दीर्घकालीन निवेश के मूल्य की आर्थिक वास्तविकता को तय करती हैं।

अध्याय 54

स्थायी प्रतिस्पर्धी लाभ से निर्मित लगातार बढ़ती यील्ड

इस मुद्दे पर सोचने की मेहनत करते हैं, क्योंकि यह निश्चित रूप से मेहनत करने लायक़ है। तो आइए, वॉरेन की कुछ अन्य पसंदीदा स्थायी प्रतिस्पर्धी लाभ वाली कंपनियों पर नज़र डालकर देखते हैं कि क्या उनके इक्विटी बॉन्ड/शेयरों पर यील्ड समय के साथ बढ़ी है :

1998 में मूडीज़ की कर-पश्चात आय प्रति शेयर 0.41 डॉलर थी। 2007 तक मूडी की कर-पश्चात आय बढ़कर 2.58 डॉलर प्रति शेयर हो गई। वॉरेन ने अपने मूडीज़ इक्विटी बॉन्ड के लिए प्रति शेयर 10.38 डॉलर का भुगतान किया और आज वह 24 प्रतिशत की कर-पश्चात यील्ड अर्जित कर रहे हैं, जो 38 प्रतिशत की कर-पूर्व यील्ड के बराबर है।

1998 में अमेरिकन एक्सप्रेस की कर-पश्चात आय 1.54 डॉलर प्रति शेयर थी। 2008 तक इसकी कर-पश्चात आय बढ़कर 3.39 डॉलर प्रति शेयर हो गई। वॉरेन ने अपने अमेरिकन एक्सप्रेस इक्विटी बॉन्ड के लिए 8.48 डॉलर प्रति शेयर का भुगतान किया, जिसका अर्थ है कि उन्हें वर्तमान में कर-पश्चात 40 प्रतिशत रिटर्न मिल रहा है, जो 61 प्रतिशत कर-पूर्व रिटर्न के बराबर है।

लंबे समय से वॉरेन की पसंदीदा कंपनी प्रॉक्टर ऐंड गैबल ने 1998 में कर-पश्चात 1.28 डॉलर प्रति शेयर की कमाई की। 2007 तक इसकी

कर-पश्चात आय 3.31 डॉलर प्रति शेयर हो गई। वॉरेन ने अपने प्रॉक्टर ऐंड गैंबल इक्विटी बॉन्ड के लिए प्रति शेयर 10.15 डॉलर का भुगतान किया, जो अब कर-पश्चात 32 प्रतिशत यील्ड दे रहा है, जो 49 प्रतिशत के कर-पूर्व रिटर्न के बराबर है।

सीज़ कैंडी के मामले में वॉरेन ने 1972 में 25 मिलियन डॉलर में पूरी कंपनी ख़रीदी थी। 2007 में इसकी कर-पूर्व आय 82 मिलियन डॉलर थी, जिसका मतलब है कि उनके सीज़ इक्विटी बॉन्ड अब उनके मूल निवेश पर 328 प्रतिशत की वार्षिक प्रीटैक्स यील्ड दे रहे हैं।

इन सभी कंपनियों के स्थायी प्रतिस्पर्धी लाभ के कारण साल दर साल उनकी आय में वृद्धि होती रही, जिसके फलस्वरूप व्यवसाय के अंतर्निहित मूल्य में वृद्धि हुई। हाँ, शेयर बाज़ार को इस वृद्धि को स्वीकार करने में थोड़ा समय लग सकता है, लेकिन यह अंततः होगा और वॉरेन ने कई बार उस 'होगा' पर भरोसा किया है।

अध्याय 55

स्थायी प्रतिस्पर्धी लाभ वाली कंपनी के मूल्यांकन के अन्य तरीक़े

जैसा कि पहले बताया गया है, 1987 में वॉरेन कोका-कोला में 0.70 डॉलर प्रति शेयर की पूर्व-कर आय को देखते हुए 6.50 डॉलर के भाव पर इसके शेयर ख़रीदने लगे। कर-पश्चात आय 0.46 डॉलर प्रति शेयर थी। ऐतिहासिक दृष्टिकोण से कोका-कोला की आय लगभग 10 प्रतिशत की वार्षिक दर से बढ़ रही थी।

इसे देखकर वॉरेन यह तर्क दे सकते हैं कि उन्होंने अपने 6.50 डॉलर के निवेश पर 10.7 प्रतिशत की प्रारंभिक कर-पूर्व ब्याज दर पर कोका-कोला इक्विटी बॉन्ड ख़रीदा था। वह यह तर्क भी दे सकते हैं कि कर-पूर्व यील्ड समय के साथ 10 प्रतिशत की अनुमानित वार्षिक दर से बढ़ेगी (जो 1987 से पहले के दस वर्षों में कोका-कोला की आय वृद्धि की औसत वार्षिक दर थी)।

यदि 1987 में उन्होंने 10 प्रतिशत आगामी आय वृद्धि का अनुमान लगाया होता, तो वह तर्क दे सकते थे कि 2007 तक कोका-कोला की प्रति शेयर आय 4.35 डॉलर और कर-पश्चात आय 2.82 डॉलर प्रति शेयर हो जाएगी। इसका मतलब यह होगा कि 2007 तक उनके कोका-कोला इक्विटी बॉन्ड पर उनका कर-पूर्व रिटर्न बढ़कर 66 प्रतिशत हो जाएगा, जो 43 प्रतिशत कर-पश्चात रिटर्न के बराबर है।

तो 2007 में 1987 के 6.50 डॉलर इक्विटी बॉन्ड के भाव पर 66 प्रतिशत कर-पूर्व रिटर्न क्या था? यह उस डिस्काउंट रेट पर निर्भर करता है, जिसका हम इस्तेमाल करते हैं। यदि हम 7 प्रतिशत का उपयोग करते हैं, जो उस समय की दीर्घकालीन दर थी, तो हमें लगभग 17 प्रतिशत की डिस्काउंटेड बैक वैल्यू मिलती है। वह 6.50 डॉलर प्रति शेयर के लिए जो भुगतान कर रहे थे, उसे 17 प्रतिशत से गुणा करें और हमें 1.10 डॉलर प्रति शेयर मिलेगा। 1.10 डॉलर को कोका-कोला के 1987 के 14 के पी/ई से गुणा करेंगे, तो हमें प्रति शेयर 15.40 डॉलर का मूल्य मिलता है। इस प्रकार वॉरेन 1987 में यह तर्क दे सकते थे कि वह 6.50 डॉलर पर जो इक्विटी बॉन्ड ख़रीद रहे थे, अगर उन्होंने इसे बीस साल तक रखा, तो 1987 में इसका आंतरिक मूल्य वास्तव में 15.40 डॉलर प्रति शेयर था।

2007 तक कोका-कोला की कर-पूर्व आय 9.35 प्रतिशत की वार्षिक दर से बढ़कर 3.96 डॉलर प्रति शेयर हो गई, जो कर-पश्चात 2.57 डॉलर प्रति शेयर के बराबर है। इसका मतलब यह है कि वॉरेन यह तर्क दे सकते हैं कि उनके कोका-कोला इक्विटी बॉन्ड अब उन्हें 6.50 डॉलर प्रति शेयर के मूल निवेश पर 3.96 डॉलर प्रति शेयर का कर-पूर्व रिटर्न दे रहे हैं, जो 60 प्रतिशत की वर्तमान कर-पूर्व यील्ड और 40 प्रतिशत कर-पश्चात यील्ड के बराबर है।

2007 में शेयर बाज़ार ने वॉरेन के इक्विटी बॉन्ड का भाव 45 डॉलर और 64 डॉलर प्रति शेयर के बीच रखा। 2007 में कोका-कोला ने इक्विटी बॉन्ड/शेयर पर 3.96 डॉलर की कर-पूर्व आय की, जो कर-पश्चात 2.57 डॉलर प्रति इक्विटी बॉन्ड/शेयर के बराबर थी। 2007 की कॉर्पोरेट ब्याज दर 6.5 प्रतिशत पर पूँजीकृत कोका-कोला की 3.96 डॉलर प्रति शेयर की कर-पूर्व आय लगभग 60 डॉलर प्रति इक्विटी बॉन्ड/शेयर के बराबर है (3.96 डॉलर ÷.065 = 60 डॉलर)। यह 2007 के शेयर बाज़ार मूल्य 45 डॉलर और 64 डॉलर प्रति शेयर के अनुरूप है।

2007 में शेयर बाज़ार में वॉरेन के कोका-कोला इक्विटी बॉन्ड का भाव 64 डॉलर प्रति शेयर होने के कारण वॉरेन गणना कर सकते थे कि वह अपने मूल निवेश पर 12.11 प्रतिशत की कर-स्थगित वार्षिक चक्रवृद्धि दर से रिटर्न अर्जित कर रहे हैं। इसे एक ऐसे बॉन्ड के रूप में सोचें, जो अर्जित

ब्याज पर कर दिए बिना 12.11 प्रतिशत वार्षिक दर से ब्याज देता है। इतना ही नहीं : आपको 12.11 प्रतिशत के सभी ब्याज भुगतानों को अधिक बॉन्डों में पुनर्निवेशित करना होगा। हाँ, जब आप अपने इक्विटी बॉन्ड बेचते हैं, तो किसी दिन आपको कर चुकाना होगा, लेकिन अगर आप उन्हें नहीं बेचते हैं, तो आप साल-दर-साल कर-मुक्त 12.11 प्रतिशत कमाते रहेंगे।

इस पर विश्वास नहीं हो रहा है? इस पर विचार करें : वॉरेन को अपने बर्कशायर स्टॉक पर लगभग 64 अरब डॉलर का पूँजीगत लाभ हुआ है और उन्होंने अभी तक इस पर एक डॉलर भी टैक्स नहीं दिया है। दुनिया के इतिहास में निजी संपत्ति का सबसे बड़ा संचय और टैक्स ऑफ़िसर को एक पैसा भी भुगतान नहीं किया गया।

क्या इससे बेहतर कुछ हो सकता है?

अध्याय 56

वॉरेन एक शानदार व्यवसाय ख़रीदने का सही समय कैसे तय करते हैं?

वॉरेन की दुनिया में आप जिस भाव पर ख़रीदते हैं, वह आपके निवेश पर मुनाफ़े या रिटर्न को सीधे प्रभावित करता है। चूँकि वह स्थायी प्रतिस्पर्धी लाभ वाली कंपनी को एक तरह के इक्विटी बॉन्ड के रूप में देखते हैं, इसलिए वह इसे जितने ज़्यादा भाव पर ख़रीदेंगे, उनकी प्रारंभिक रिटर्न दर उतनी ही कम होगी और दस वर्षों में कंपनी की आय पर रिटर्न की दर भी उतनी ही कम होगी। आइए, एक उदाहरण देखें : 1980 के दशक के अंत में, वॉरेन ने 0.46 डॉलर प्रति शेयर की आय को देखते हुए 6.50 डॉलर प्रति शेयर के औसत भाव पर कोका-कोला ख़रीदना शुरू किया, जो वॉरेन की दुनिया में 7 प्रतिशत की शुरुआती रिटर्न रेट के बराबर है। 2007 तक कोका-कोला की प्रति शेयर आय 2.57 डॉलर हो गई, यानी वॉरेन यह तर्क दे सकते हैं कि उनका कोका-कोला इक्विटी बॉन्ड अब उन्हें 6.50 डॉलर के मूल निवेश पर 2.57 डॉलर प्रति शेयर का भुगतान कर रहा है, जो 39.9 प्रतिशत के रिटर्न के बराबर है, लेकिन अगर उन्होंने 1980 के दशक के अंत में अपने कोका-कोला शेयर 21 डॉलर के भाव पर ख़रीदे होते, तो उनकी शुरुआती रिटर्न दर 2.2 प्रतिशत होती। 2007 तक यह केवल 12 प्रतिशत ही बढ़ पाता (2.57 डॉलर ÷ 21 डॉलर = 12 प्रतिशत), जो निश्चित रूप से 39.9 प्रतिशत जितनी आकर्षक संख्या नहीं है।

इस प्रकार, स्थायी प्रतिस्पर्धी लाभ वाली कंपनी के शेयर आप जितने कम भाव पर ख़रीदेंगे, लंबी अवधि में आपका मुनाफ़ा उतना ही बेहतर होगा और वॉरेन लंबी अवधि के बारे में ही सोचते हैं, हालाँकि ये कंपनियाँ शायद ही कभी पुराने संप्रदाय के ग्राहमियन दृष्टिकोण से सस्ते भाव पर मिलती हैं। यही कारण है कि जो निवेश प्रबंधक ग्राहम द्वारा प्रचारित वैल्युएशन मॉडल का इस्तेमाल करते हैं, वे कभी भी श्रेष्ठ व्यवसायों के मालिक नहीं होते, क्योंकि उन्हें ये व्यवसाय बहुत महँगे लगते हैं।

तो आप उन्हें कब ख़रीदें? सबसे पहले तो मंदी के बाज़ार में, हालाँकि अन्य 'बियर बाज़ार सौदों' की तुलना में इन कंपनियों का भाव थोड़ा ज़्यादा लग सकता है, लेकिन लंबे समय में देखा जाए, तो वे दरअसल बेहतर निवेश हैं। और हाँ, कभी-कभार स्थायी प्रतिस्पर्धी लाभ वाली कंपनी भी गड़बड़ कर सकती है और कोई बेवकूफ़ी कर सकती है, जिससे उसके शेयर का भाव कुछ समय के लिए गिर जाएगा। नए कोक के बारे में सोचें। वॉरेन ने कहा है कि जब किसी बेहतरीन कंपनी को एक बार में हल करने योग्य समस्या का सामना करना पड़ता है, तो ख़रीदारी का एक अद्भुत अवसर स्वयं उपस्थित हो सकता है। यहाँ मुख्य बात यह है कि समस्या हल करने योग्य है।

आप इन बेहतरीन व्यवसायों से कब दूर रहना चाहते हैं? बुल बाज़ार के चरम पर, जब ये बेहतरीन व्यवसाय ऐतिहासिक दृष्टिकोण से ऊँचे पीई रेशो पर होते हैं। यहाँ तक कि स्थायी प्रतिस्पर्धी लाभ वाली कंपनी भी निवेशकों को औसत परिणाम ही देगी, अगर वे इसे ऊँचे भाव पर ख़रीदेंगे।

अध्याय 57

वॉरेन कैसे तय करते हैं कि यह बेचने का समय है

वॉरेन की दुनिया में आप इन अद्भुत व्यवसायों में से किसी को तब तक नहीं बेचेंगे, जब तक कि इसका स्थायी प्रतिस्पर्धी लाभ क़ायम रहेगा। इसका सीधा सा कारण यह है कि आप जितने अधिक समय तक उन्हें रोककर रखेंगे, आपका प्रदर्शन उतना ही बेहतर होगा। इसके अलावा, अगर आपने किसी भी समय इन बेहतरीन निवेशों में से किसी को बेचा, तो आप टैक्स अधिकारी को पार्टी में बुला लेंगे। टैक्स अधिकारी को अपनी पार्टी में बार-बार आमंत्रित करने से बेहद अमीर बनना बहुत कठिन हो जाता है। इस पर विचार करें : वॉरेन की कंपनी को स्थायी प्रतिस्पर्धी लाभ वाली कंपनियों में निवेश से लगभग 36 अरब डॉलर का पूँजीगत लाभ हुआ है। यह वह संपत्ति है, जिस पर उन्होंने अभी तक एक डॉलर भी टैक्स नहीं दिया है और यदि उनका वश चले, तो वह कभी टैक्स देंगे भी नहीं।

फिर भी, कई बार इन अद्भुत व्यवसायों को बेचना फ़ायदेमंद होता है। पहला तब होता है, जब आपको किसी बेहतर कंपनी में बेहतर क़ीमत पर निवेश करने के लिए पैसे की ज़रूरत हो, जो कभी-कभी होता है।

दूसरा तब होता है, जब ऐसा लगता है कि कंपनी अपना स्थायी प्रतिस्पर्धी लाभ खो रही हो। ऐसा समय-समय पर होता रहता है, जैसा कि समाचार-पत्रों और टेलीविज़न स्टेशनों के साथ हुआ। ये दोनों शानदार

व्यवसाय हुआ करते थे, लेकिन इंटरनेट के आने के बाद अचानक उनके प्रतिस्पर्धात्मक लाभ के स्थायित्व पर सवालिया निशान लग गया। और प्रतिस्पर्धात्मक लाभ के संदिग्ध होने पर आप अपना पैसा उस कंपनी में लंबे समय तक नहीं रखना चाहेंगे।

तीसरा, तेज़ी वाले बाज़ारों के दौरान होता है, जब शेयर बाज़ार ख़रीदारी के उन्मत्त उन्माद में इन शानदार कंपनियों के भाव को छत के ऊपर भेज देता है। इन मामलों में कंपनी के स्टॉक का मौजूदा बिक्री मूल्य व्यवसाय की दीर्घकालीन आर्थिक वास्तविकताओं से कहीं अधिक हो जाता है। और जब शेयर के भाव बाहरी सीमा तक चढ़ जाते हैं, तो किसी व्यवसाय की दीर्घकालीन आर्थिक वास्तविकताएँ गुरुत्वाकर्षण की तरह काम करती हैं। आख़िरकार, वे शेयर के भाव को वापस धरती पर खींच लाएँगी। यदि भाव बहुत ऊपर चढ़ जाते हैं, तो बेचने और प्राप्त राशि को दूसरे निवेश में लगाने का अर्थशास्त्र शेयरों को रोककर रखने से ज़्यादा लाभदायक हो सकता है। इसे इस तरह से सोचें : यदि हम अनुमान लगा सकते हैं कि हमारा व्यवसाय अगले बीस वर्षों में 10 मिलियन डॉलर कमाएगा, और आज कोई हमें पूरी कंपनी के लिए 5 मिलियन डॉलर की पेशकश करता है, तो क्या हम इसे स्वीकार करेंगे? यदि हम केवल 2 प्रतिशत वार्षिक चक्रवृद्धि दर पर निवेश कर सकते हैं, तो शायद नहीं, क्योंकि आज 2 प्रतिशत चक्रवृद्धि वार्षिक दर पर निवेश किए गए 5 मिलियन डॉलर का मूल्य बीसवें वर्ष में केवल 7.4 मिलियन डॉलर होगा। यह हमारे लिए कोई बड़ा सौदा नहीं है, लेकिन अगर हम 8 प्रतिशत की वार्षिक चक्रवृद्धि दर प्राप्त कर सकें, तो हमारा 5 मिलियन डॉलर बीस वर्षों में बढ़कर 23 मिलियन डॉलर हो जाएगा। अचानक, बेचना बेहतरीन विकल्प लगने लगता है।

एक सरल नियम यह है कि जब हम इन बेहतरीन कंपनियों को 40 या उससे अधिक के पी/ई रेशो पर देखें, और ऐसा कभी-कभार होता है, तो यह बेचने का समय हो सकता है, लेकिन अगर हम तेज़ी से बढ़ते बाज़ार में बेचते हैं, तो हमें तुरंत ही 40 के पीई पर चलने वाला कोई दूसरा शेयर नहीं ख़रीद लेना चाहिए। इसके बजाय, हमें आराम करना चाहिए, अपना पैसा अमेरिकी ट्रेज़री में डाल देना चाहिए और अगले मंदी के बाज़ार का इंतज़ार करना चाहिए, क्योंकि हमेशा एक और मंदी का बाज़ार नज़दीक ही

होता है, जो हमें इन अद्‌भुत स्थायी प्रतिस्पर्धी लाभ वाली कंपनियों में से एक या अधिक को ख़रीदने का सुनहरा अवसर देगा, जो लंबी अवधि में हमें बेहद, बेहद अमीर बना देगा।

बिलकुल वॉरेन बफ़ेट की तरह।

परिशिष्ट

स्थायी प्रतिस्पर्धी लाभ वाली किसी कंपनी की मॉडल बैलेंस शीट

($ मिलियन में)

संपत्तियाँ	
नक़द और अल्पकालिक निवेश	$ 4,208
कुल इन्वेंट्री	2,220
कुल प्राप्य, नेट	3,317
पूर्वदत्त व्यय	2,260
अन्य चालू संपत्तियाँ, कुल	0
कुल चालू संपत्तियाँ	12,005
संपत्ति/संयंत्र/उपकरण	8,493
गुडविल, नेट	4,246
अमूर्त, नेट	7,863
दीर्घकालिक निवेश	7,777
अन्य दीर्घकालिक संपत्तियाँ	2,675
अन्य संपत्तियाँ	0
कुल संपत्तियाँ	$ 43,059

देनदारियाँ	
देनदारी खाते	$ 1,380
उपार्जित व्यय	5,535
अल्पकालिक ऋण	5,919
दीर्घकालिक ऋण देय	133
अन्य चालू देनदारियाँ	258
कुल वर्तमान देनदारियाँ	13,225
दीर्घकालिक ऋण	3,277
डेफ़र्ड आयकर	1,890
माइनॉरिटी इन्ट्रेस्ट	0
अन्य देनदारियाँ	3,133
कुल देनदारियाँ	$ 21,525
शेयरधारकों की इक्विटी	
प्रिफ़र्ड स्टॉक	0
कॉमन स्टॉक	1,296
अतिरिक्त भुगतान की गई पूँजी	7,378
रिटेन्ड आय	36,235
ट्रेज़री स्टॉक-कॉमन	−23,375
कुल शेयरधारकों की इक्विटी	21,534
कुल देनदारियाँ और शेयरधारकों की इक्विटी	$ 43,059

बिना स्थायी प्रतिस्पर्धी लाभ वाली औसत दर्जे की कंपनी की मॉडल बैलेंस शीट बिना किसी स्थायी प्रतिस्पर्धी लाभ के

($ मिलियन में)

संपत्तियाँ	
नक़द और अल्पकालिक निवेश	$28,000
कुल इन्वेंट्री	10,190
कुल प्राप्य, नेट	69,787
पूर्वदत्त व्यय	260
अन्य चालू संपत्तियाँ, कुल	5
कुल चालू संपत्तियाँ	108,242
संपत्ति/संयंत्र/उपकरण	40,012
गुडविल, नेट	736
अमूर्त, नेट	333
दीर्घकालिक निवेश	43,778
अन्य दीर्घकालिक संपत्तियाँ	22,675
अन्य संपत्तियाँ	5,076
कुल संपत्तियाँ	$220,852

देनदारियाँ	
देनदारी खाते	$22,468
उपार्जित व्यय	5,758
अल्पकालिक ऋण	32,919
दीर्घकालिक ऋण बकाया	920
अन्य चालू देनदारियाँ	258
कुल चालू देनदारियाँ	62,323
दीर्घकालिक ऋण	133,277
डेफ़र्ड आयकर	5,890
माइनॉरिटी इन्ट्रेस्ट	0
अन्य देनदारियाँ	3,133
कुल देनदारियाँ	$204,623
शेयरधारकों की इक्विटी	
प्रिफ़र्ड स्टॉक	150
कॉमन स्टॉक	880
अतिरिक्त भुगतान की गई पूँजी	7,378
रिटेन्ड आय	7,821
ट्रेज़री स्टॉक, कॉमन	0
अन्य इक्विटी	414
कुल शेयरधारकों की इक्विटी	16,229
कुल देनदारियाँ और शेयरधारकों की इक्विटी	$220,852

स्थायी प्रतिस्पर्धी लाभ वाली कंपनी का मॉडल इनकम स्टेटमेंट

($ मिलियन में)

राजस्व	$28,857
बेचे गए माल की लागत	10,406
सकल लाभ	18,451
परिचालन व्यय	
बिक्री, सामान्य और प्रशासन	10,200
अनुसंधान और विकास	0
मूल्यह्रास	1,107
परिचालन लाभ	7,144
ब्याज व्यय	456
लाभ (हानि) बिक्री संपत्ति	1,275
अन्य	50
कर से पहले आय	7,913
आयकर का भुगतान	2,769
शुद्ध आय	$5,144

बिना स्थायी प्रतिस्पर्धी लाभ वाली कंपनी का मॉडल इनकम स्टेटमेंट

($ मिलियन में)	
राजस्व	$172,455
बेची गई वस्तुओं की लागत	142,587
सकल लाभ	29,868
परिचालन व्यय	
बिक्री, सामान्य और प्रशासन	20,170
अनुसंधान और विकास	5,020
मूल्यह्रास	6,800
परिचालन लाभ (हानि)	(2,122)
ब्याज व्यय	10,200
लाभ (हानि) बिक्री संपत्ति	402
अन्य	35
कर से पहले आय (हानि)	(11,955)
आयकर भुगतान	0
शुद्ध आय	($ 11,955)

चुनिंदा शब्दावली

एएए रेटिंग : स्टैंडर्ड ऐंड पूअर्स द्वारा किसी कंपनी की वित्तीय सुदृढ़ता के आधार पर दी जाने वाली उच्चतम रेटिंग।

इससे बेहतर कुछ नहीं हो सकता। यह रेटिंग मिलने पर कंपनी सोने जितनी क़ीमती हो जाती है।

अकाउंट रिसीवेबल : जो वस्तुएँ बिक चुकी हैं, लेकिन उनके बदले में वेंडर ने अब तक कंपनी को पैसे नहीं दिए हैं।

बहुत सारे अकाउंट रिसीवेबल होना अच्छी बात है, लेकिन बहुत सारी नक़दी होना और भी बेहतर है।

एक्युमुलेटेड डेप्रिसिएशन : सभी प्रकार के डेप्रिसिएशन या मूल्यह्रास का योग, जिसे संपत्ति में से घटाया जाता है।

अकाउंटेंट हर चीज़ पर नज़र रखना पसंद करते हैं, जिनमें यह भी शामिल है कि कितनी चीज़ों का मूल्य कम हुआ है। संचित मूल्यह्रास को एक बहुत बड़े कूड़ेदान के रूप में सोचें, जिसकी जाँच करके आप पता लगा सकते हैं कि कंपनी की संपत्ति का मूल्य कितना कम हुआ।

ऐमर्टिज़ेशन (परिशोधन) : मूल रूप से, मूल्यह्रास के समान, लेकिन यह गुडविल और पेटेंट जैसी अमूर्त संपत्तियों पर लागू होता है।

मूल्यह्रास उत्पादन कारख़ाने जैसी मूर्त संपत्तियों पर लागू होता है। उदाहरण के लिए, पेटेंट के साथ समस्या यह है कि उनका वास्तव में

डेप्रिसिएशन नहीं होता, इसलिए पेटेंट पर होने वाले व्यय को लागत के रूप में कई वर्षों में वितरित (परिशोधन) किया जाता है।

एसेट (संपत्ति) : ऐसी चीज़, जो व्यवसाय के स्वामित्व में है और जिसका उपयोग भविष्य में आय उत्पन्न करने के लिए करने की उम्मीद है।

ढेर सारी संपत्तियाँ होना अच्छी बात है। बहुत सारी संपत्तियाँ बहुत सारे पैसे पैदा करती हैं, जो और भी अच्छी बात है।

बैलेंस शीट : किसी निश्चित तिथि (जैसे वित्तीय वर्ष की समाप्ति) पर किसी कंपनी की संपत्ति, देनदारियों और ओनरशिप इक्विटी का सारांश।

बैलेंस शीट को अक्सर वर्ष के किसी निश्चित दिन में कंपनी की वित्तीय स्थिति के फ़ोटो के रूप में वर्णित किया जाता है। लंबी अवधि की बैलेंस शीट जैसी कोई चीज़ नहीं होती। बैलेंस शीट आपको बताती है कि आपके पास कितना कुछ है और आप पर कितना बकाया है। एक को दूसरे से घटा देंगे, तो आपको पता चलेगा कि आपकी नेट वर्थ कितनी है।

बॉन्ड : ऐसी सिक्युरिटी, जो दीर्घकालीन ऋण का प्रतिनिधित्व करती है।

स्थायी प्रतिस्पर्धी लाभ वाली कंपनियाँ बहुत ज़्यादा बॉन्ड जारी नहीं करतीं, क्योंकि उन्हें आम तौर पर बहुत ज़्यादा क़र्ज़ की ज़रूरत नहीं पड़ती। और ज़्यादा क़र्ज़ न होना अच्छी बात है।

बुक वैल्यू : कंपनी की सभी संपत्तियों में से कंपनी की सभी देनदारियाँ घटा दें। इस आँकड़े को कंपनी के कुल आउटस्टैंडिंग सामान्य शेयरों की संख्या से विभाजित करें, और आपको कंपनी की प्रति शेयर बुक वैल्यू मिल जाएगी।

बुक वैल्यू का बढ़ना अच्छी बात है, बुक वैल्यू का कम होना बुरी बात है।

कैपिटल एक्सपेंडिचर (पूँजीगत व्यय) : वह राशि, जो कंपनी हर साल नए बुनियादी इंफ्रास्ट्रक्चर के निर्माण या पुराने बुनियादी ढाँचे को अपग्रेड करने पर ख़र्च करती है।

स्थायी प्रतिस्पर्धी लाभ वाली कंपनियों का पूँजीगत व्यय कम होता है।

कैशफ़्लो : किसी निश्चित अवधि में कंपनी द्वारा उत्पन्न नक़दी की मात्रा। किसी कंपनी के कैशफ़्लो को कैशफ़्लो स्टेटमेंट से देखा जाता है।

कॉमन स्टॉक (सामान्य शेयर) : ऐसी सिक्युरिटीज़, जो व्यवसाय में स्वामित्व का प्रतिनिधित्व करती हैं। सामान्य शेयरों के धारक संचालक मंडल का चुनाव करने, डिविडेंड प्राप्त करने और किसी कंपनी के सभी ऋणों का भुगतान करने के बाद उसकी बिक्री से होने वाली आय को प्राप्त करने के हक़दार हैं।

वॉरेन कंपनियों के कॉमन स्टॉक ख़रीदकर ही अमीर बने हैं।

प्रतिस्पर्धी लाभ : प्रतिस्पर्धियों पर बढ़त, जिसकी बदौलत कंपनी ज़्यादा पैसे कमा सकती है।

कोई कंपनी जितनी अधिक नक़दी उत्पन्न कर सकती है, उसके शेयरधारक उतने ही अधिक ख़ुश होते हैं। वॉरेन की रुचि केवल उन कंपनियों में रहती है, जिनके पास ऐसा प्रतिस्पर्धात्मक लाभ है, जिसे लंबे समय तक क़ायम रखा जा सकता है।

बेचे गए माल की क़ीमत (कॉस्ट ऑफ़ गुड्स सोल्ड) : किसी विशिष्ट अवधि के दौरान बेची गई इन्वेंट्री की लागत या कच्चा माल प्राप्त करने और प्रॉडक्ट तैयार करने में आई लागत।

आय की तुलना में बेची गई वस्तुओं की लागत कम होना अच्छी बात है, ऊँची लागत बुरी चीज़ है।

करेंट एसेट्स (चालू संपत्तियाँ) : चालू संपत्तियाँ – मूल्यवान चीज़ें – या तो नक़दी हैं या फिर उनके एक वर्ष के भीतर नक़दी में परिवर्तित होने की उम्मीद है। ये संपत्तियाँ बैलेंस शीट पर दिखती हैं और इनमें नक़द, नक़द समकक्ष, अकाउंट्स रिसीवेबल, इन्वेंट्री और प्रीपेड ख़र्च शामिल होते हैं।

करेंट लाएबिलिटीज़ (चालू देनदारियाँ) : एक साल के अंदर जो पैसा चुकाना है।

करेंट रेशो (चालू अनुपात) : चालू संपत्तियों और चालू देनदारियों का अनुपात।

स्थायी प्रतिस्पर्धी लाभ वाली कंपनी की खोज में करेंट रेशो बहुत कम उपयोगी होता है।

डेप्रिसिएशन (मूल्यह्रास) : मूर्त संपत्तियाँ उपयोग के साथ-साथ ख़राब हो जाती हैं। जैसे ही वे ख़राब होती हैं, उस संपत्ति का मूल्य घटा दिया जाता है।

स्थायी प्रतिस्पर्धी लाभ (ड्यूरेबल कम्पीटीटिव एडवांटेज) : किसी कंपनी के प्रतिस्पर्धियों पर एक प्रतिस्पर्धात्मक लाभ, जिसे वह लंबे समय तक क़ायम रख सकती है।

यही वॉरेन की सफलता का रहस्य है और इसी के कारण आप यह किताब पढ़ रहे हैं।

एबिटडा (ईबीआईटीडीए) : ब्याज, कर, मूल्यह्रास और ऐमर्टिज़ेशन से पहले की आय।

जो कंपनियाँ पैसा नहीं कमातीं, उन्हें एबिटडा पसंद होता है। वॉरेन का मानना है कि एबिटडा मूर्खतापूर्ण है। जब भी आप प्रबंधन को एबिटडा के संदर्भ में बात करते सुनें, तो इसका मतलब है कि उनके पास कोई स्थायी प्रतिस्पर्धी लाभ नहीं है।

फ़ाइनैंशियल स्टेटमेंट (वित्तीय विवरण) : बैलेंस शीट, इनकम स्टेटमेंट और कैशफ़्लो स्टेटमेंट।

इससे पता चलता है कि सभी चीज़ें कहाँ हैं, लेकिन अगर आप वास्तव में यह बताना चाहते हैं कि क्या हो रहा है, तो आपको कई वर्षों के फ़ाइनैंशियल स्टेटमेंट देखने चाहिए।

गुडविल : [illegible] संपत्ति का मूल्य बही-ख़ातों में दर्ज मूल्य से अधिक

[illegible] कंपनी की प्रति शेयर बुक वैल्यू 10 डॉलर है, जबकि इसका बाज़ार [illegible]व 15 डॉलर प्रति शेयर है। यदि इस कंपनी को कोई दूसरी कंपनी ख़रीद ले, तो बुक वैल्यू से अधिक 5 डॉलर को गुडविल के रूप में दिखाया जाएगा।

ग्रॉस मार्जिन : बिक्री और कुल लाभ का अनुपात।

जितना ऊँचा, उतना ही बेहतर। स्थायी प्रतिस्पर्धी लाभ वाली कंपनियों का ग्रॉस मार्जिन अधिक होता है।

ग्रॉस प्रॉफ़िट (सकल लाभ) : प्रॉडक्ट्स की बिक्री पर आय। बिक्री में बेची गई वस्तुओं की लागत घटाने से सकल लाभ निकलता है।

सकल लाभ से अन्य आँकड़ों की तुलना करना अच्छा रहता है।

इनकम स्टेटमेंट : वह स्टेटमेंट, जो किसी निश्चित अवधि में कंपनी की आय और व्यय को दर्शाता है।

एक वर्ष का इनकम स्टेटमेंट हमें बहुत कम बता पाता है। *यदि हम वास्तव में यह जानने के लिए गंभीर हैं कि कंपनी के पास स्थायी प्रतिस्पर्धी लाभ है या नहीं, तो हमें पाँच से दस साल के इनकम स्टेटमेंटों की जाँच करने की आवश्यकता है।*

अमूर्त संपत्ति (इनटेंजिबल एसेट्स) : पेटेंट और कॉपीराइट जैसी संपत्तियाँ, जिन्हें भौतिक रूप से छुआ नहीं जा सकता, लेकिन इनसे आय उत्पन्न हो सकती है।

इन्हें क़ानून द्वारा संरक्षित एकाधिकार मानें, जो एक तरह का स्थायी प्रतिस्पर्धी लाभ है। पेटेंट के साथ एकमात्र समस्या यह है कि वे अंततः समाप्त हो जाते हैं या अपनी सुरक्षा खो देते हैं। जब ऐसा होता है, तो दुनिया की कोई भी कंपनी उस प्रॉडक्ट का उत्पादन कर सकती है और कंपनी पेटेंट द्वारा प्रदान किया गया प्रतिस्पर्धात्मक लाभ खो देती है। यही कारण है कि वॉरेन ऐतिहासिक दृष्टि से दवा निर्माताओं से दूर रहे हैं।

ब्याज व्यय : वह राशि, जो कोई कंपनी अप[illegible] दीर्घ[illegible] और अल्पकालिक ऋणों पर ब्याज के रूप में देती है।

जिन कंपनियों के पास कोई स्थायी प्रतिस्पर्धी लाभ नहीं होता, व[illegible] बहुत ज़्यादा ब्याज देती हैं, क्योंकि उन पर बहुत अधिक क़र्ज़ होता है। स्थायी प्रतिस्पर्धी लाभ वाली कंपनियों पर कोई क़र्ज़ नहीं होता, इसलिए उनका ब्याज व्यय बहुत कम या शून्य होता है।

इन्वेंट्री (भंडार) : किसी कंपनी के प्रॉडक्ट जो या तो पूरे बन चुके हैं या पूरे होने के किसी चरण में हैं और जिन्हें कंपनी के ग्राहकों को बेचा जाएगा।

यदि बिक्री कम हो रही है और इन्वेंट्री बढ़ रही है, तो सावधान रहें।

लीवरेज़ : शेयरधारकों की इक्विटी के संबंध में कंपनी पर ऋण की राशि।

लंबी अवधि में बड़ी मात्रा में लीवरेज़ की उपस्थिति का आम तौर पर यह मतलब होता है कि कंपनी के पास स्थायी प्रतिस्पर्धी लाभ नहीं है।

देनदारियाँ (लाएबिलिटीज़) : कंपनी द्वारा दूसरों को भुगतान करने के दायित्व।

देनदारियाँ कंपनी की बैलेंस शीट पर सूचीबद्ध होती हैं। उनका होना अच्छी बात नहीं है। कंपनी को उन्हें यथासंभव कम करने का प्रयास करना चाहिए।

दीर्घकालीन ऋण (लॉन्ग-टर्म डेट) : वह ऋण, जिसकी परिपक्वता तिथि एक वर्ष से अधिक हो।

स्थायी प्रतिस्पर्धी लाभ वाली कंपनियों पर दीर्घकालीन ऋण बहुत कम या शून्य होता है।

औसत व्यवसाय : ऐसी कंपनी, जिसके पास स्थायी प्रतिस्पर्धी लाभ नहीं है और जो प्रतिस्पर्धा के तीव्र दबाव को झेलती है।

यह ऐसी कंपनी है, जो लंबे समय में आपको कंगाल बना देगी।

नेट इनकम (शुद्ध आय) : सभी लागतों, ख़र्चों और करों को कुल आय से घटाने के बाद कंपनी को होने वाला लाभ।

जितनी अधिक शुद्ध आय, उतना अच्छा। शुद्ध आय जितनी निरंतर और सुसंगत होगी, कंपनी के पास स्थायी प्रतिस्पर्धी लाभ होने की संभावना उतनी ही अधिक होगी।

ऑपरेटिंग एक्सपेंसेस (परिचालन व्यय) : व्यवसाय चलाने की ऐसी लागतें, जो कंपनी के प्रॉडक्ट्स की उत्पादन लागत से सीधे नहीं जुड़ी हैं।

कम बेहतर है।

ऑपरेटिंग प्रॉफ़िट (परिचालन लाभ) : किए जाने वाले कार्यों या परिचालन से कंपनी की आय। यह ब्याज भुगतान और आयकर में कटौती से पहले की आय होती है। इसे एबिटडा (ब्याज और करों से पहले की कमाई) या ऑपरेटिंग इनकम भी कहा जाता है।

आउटस्टैंडिंग शेयर्स (बकाया शेयर) : निवेशकों द्वारा धारित कॉमन स्टॉक यानी सामान्य शेयर। इसमें ट्रेज़री शेयर शामिल नहीं हैं, लेकिन कॉर्पोरेट अधिकारियों और अंदरूनी लोगों के स्वामित्व वाले प्रतिबंधित शेयर शामिल हैं।

कंपनी की आय में वृद्धि के बिना कई वर्षों में बकाया शेयरों की संख्या में नाटकीय वृद्धि का मतलब आम तौर पर यह होता है कि कंपनी अपने पूँजी आधार को बढ़ाने के लिए नए शेयर बेच रही है, ताकि इस तथ्य की भरपाई की जा सके कि यह एक औसत दर्जे का व्यवसाय है। वॉरेन औसत दर्जे के व्यवसायों से दूर रहते हैं।

प्रिफ़र्ड स्टॉक : ऐसा स्टॉक, जो निश्चित डिविडेंड देता है, लेकिन कोई वोटिंग राइट नहीं देता।

स्थायी प्रतिस्पर्धी लाभ वाली कंपनियों के पास कोई प्रिफ़र्ड स्टॉक नहीं होता।

प्रीपेड एक्सपेंस (समय से पहले किया गया व्यय) : एक चालू संपत्ति, जो उस व्यय का प्रतिनिधित्व करती है, जिसका भुगतान उस लेखांकन अवधि से पहले किया गया था, जिसमें व्यय का लाभ प्राप्त होगा।

रिसर्च ऐंड डेवलपमेंट एक्सपेंस (अनुसंधान एवं विकास व्यय) : वह राशि, जो कंपनी एक निश्चित अवधि में नए प्रॉडक्ट्स के उत्पादन और सुधार पर ख़र्च करती है।

स्थायी प्रतिस्पर्धी लाभ वाली कंपनियों का अनुसंधान और विकास (आरऐंडडी) व्यय बहुत कम या शून्य होता है।

रिटेन्ड अर्निंग्स (प्रतिधारित आय) : व्यवसाय की संचित शुद्ध आय, जिसका डिविडेंड के रूप में भुगतान नहीं किया गया है।

रिटेन्ड अर्निंग्स में ठोस दीर्घकालीन वृद्धि स्थायी प्रतिस्पर्धी लाभ वाली कंपनी का एक लक्षण है।

रिटर्न ऑन इक्विटी : किसी कंपनी की शुद्ध आय को उसके शेयरधारकों की इक्विटी से विभाजित किया जाता है।

यह वॉरेन को बता देता है कि कंपनी के पास स्थायी प्रतिस्पर्धी लाभ है या नहीं। जितना ऊँचा, उतना ही बेहतर।

रेवेन्यू (कुल राजस्व) : कंपनी के प्रॉडक्ट्स या सेवाओं की बिक्री से प्राप्त धन या बकाया।

कुल राजस्व वह जगह है, जहाँ से यह सब शुरू होता है, लेकिन इसे कभी भी किसी व्यवसाय का मूल्य आँकने के एकमात्र तरीक़े के रूप में इस्तेमाल नहीं करना चाहिए, जब तक कि आप वॉल स्ट्रीट पर काम न करते हों और जनता को ऐसी कंपनी के शेयर बेचने की कोशिश न कर रहे हों, जो कोई पैसा नहीं कमाती है।

एसजीए लागत : बिक्री, सामान्य और प्रशासनिक व्यय, जो कंपनी के प्रत्यक्ष व अप्रत्यक्ष बिक्री व्यय और लेखांकन अवधि के दौरान किए गए सभी सामान्य और प्रशासनिक ख़र्चों को बताते हैं। इसमें प्रबंधन वेतन,

विज्ञापन, यात्रा लागत, क़ानूनी शुल्क, कमीशन, सभी पेरोल लागत और इसी तरह की चीज़ें शामिल हैं।

कम बेहतर है।

शेयरधारकों की इक्विटी : व्यवसाय की नेटवर्थ। कुल संपत्तियों में से कुल देनदारियाँ घटाने के बाद जो बचता है, वह शेयरधारकों की इक्विटी होती है।

ट्रेज़री शेयर्स : जिसे संयुक्त राज्य अमेरिका में ट्रेज़री स्टॉक के रूप में जाना जाता है, उसे यूनाइटेड किंगडम में ट्रेज़री शेयर के रूप में जाना जाता है।

ट्रेज़री स्टॉक : कंपनी का कॉमन स्टॉक, जिसे कंपनी द्वारा बाइबैक किया जाता है। ट्रेज़री स्टॉक कोई वोटिंग राइट या डिविडेंड प्राप्त करने का अधिकार नहीं देता है और इसे बकाया शेयरों की गणना में शामिल नहीं किया जाना चाहिए।

ट्रेज़री स्टॉक होने से हमें पता चलता है कि कंपनी के पास स्थायी प्रतिस्पर्धी लाभ हो सकता है।

अंडरवैल्यूड कंपनी : वह कंपनी, जो व्यवसाय के रूप में अपने दीर्घकालीन मूल्य से कम भाव पर शेयर बाज़ार में बिक रही है।

बेंजामिन ग्राहम ने अंडरवैल्यूड कंपनियाँ ख़रीदकर लाखों कमाए। वॉरेन ने स्थायी प्रतिस्पर्धी लाभ वाली कंपनियाँ ख़रीदकर अरबों कमाए।

आभार

हम वर्षों से वॉरेन बफ़ेट की दयालुता, उदारता और बुद्धिमत्ता के लिए उनके बहुत ऋणी हैं। यदि हम उन्हें लाख बार धन्यवाद दें, तो भी यह पर्याप्त नहीं होगा।

मैं, मैरी इस पुस्तक को अपने जीवन के सबसे महत्त्वपूर्ण लोगों, अपने परिवार को समर्पित करना चाहती हूँ। सबसे पहले, मेरी संतानों एरिका, निकोल और सैम को, जो मुझे सबसे अधिक प्यार और ख़ुशी देते हैं, जिससे मुझे हर दिन उन पर गर्व होता है। मेरी बहनों, डोरोथी मैनली को हर सुख-दुख में हमेशा मेरे साथ रहने के लिए, और लॉरा सर मॉन्स को, जिनकी ओर, मैं अभी भी जीवन के सबसे महत्त्वपूर्ण हिस्से को पूरी तरह से जीने के लिए देखती हूँ। जिम मैनली, मेरे बहनोई को, जो हमें हमेशा अभ्यास, अभ्यास, अभ्यास द्वारा पूर्णता तक पहुँचने के लिए प्रेरित करते हैं।

मैं जो कैंपबेल को भी धन्यवाद देना चाहती हूँ, वह सबसे दयालु व्यक्ति हैं, जिसे मैं जानती हूँ और प्यार करती हूँ। मैं, जॉक्लिन स्किनर, मेरी सबसे अच्छी दोस्त, जो मेरी दुनिया को चलाती है, अद्‌भुत रिचर्ड बैंग्स, साहसी और सच्चे मित्र, स्कॉट डैगट, उनकी असाधारण मित्रता और परामर्श के लिए, रीटा वाटनिक और माइकल स्टोयला, हमेशा मुझ पर विश्वास करने और हर मोड़ पर मेरी मदद करने के लिए, मेरे नए दोस्त और प्रतिभाशाली मस्तिष्क बॉब मैकएलवी, अपनी दोस्ती और पर्यावरण मीडिया एसोसिएशन की प्रसिडेंट के रूप में किए गए महत्त्वपूर्ण कार्य के लिए चमत्कारी डेबी लेविन, मेरे आपातकालीन मित्र केन स्प्रैटफ़ोर्ड, और जानोस कल्ला को, मुझे स्वस्थ रखने और हमेशा वहाँ रहने के लिए धन्यवाद देना चाहती हूँ। मैं

अपनी सह–ब्लॉगर और अपनी परिचित सबसे बुद्धिमान लड़की जे हिल को भी धन्यवाद देना चाहती हूँ। और महान संगीतकार/संगीतकार केन हैंकिन्स उर्फ़ 'जॉय' को विशेष धन्यवाद, जो मुझे हर दिन प्रेरित करते हैं।

डेविड, केट और डेक्सटर को उनके अपार प्रेम के लिए, सैम और ऐंडी को महान भाई होने के लिए, और सिंडी कोनोली तथा बॉब ईसेनबर्ग को शानदार दोस्त होने के लिए धन्यवाद देना चाहते हैं, जो वे हमेशा से रहे हैं। कॉफ़ी के लिए हमेशा कॉल का जवाब देने के लिए वह चित्रकार टेरी रोसेनबर्ग और स्टीव जॉय और कई बेहतरीन बातचीत के लिए फ़िल्म निर्माता अलेक्ज़ेंडर पायने के प्रति विशेष आभार व्यक्त करते हैं। वह टॉड साइमन को बहुत सारी चीज़ों के लिए विशेष धन्यवाद देते हैं, जिनमें बेतियाना और मिया को हमारे जीवन में लाना भी शामिल है।

डेविड, व्योमिंग के वकील गेरी स्पेंस को उनकी गहरी मित्रता तथा कई वर्षों के सहायक मार्गदर्शन के लिए भी धन्यवाद देना चाहते हैं। किसी भी आदमी का इससे बेहतर या अधिक दिलचस्प दोस्त कभी नहीं रहा।

और अंत में, हम दोनों ही स्वर्गीय बेंजामिन ग्राहम को धन्यवाद देना चाहते हैं, जिन्होंने वह पेड़ लगाया, जिसके नीचे हम सभी बैठ पाए।

लेखकों के बारे में

मैरी बफ़ेट अंतरराष्ट्रीय स्तर पर बेस्टसेलिंग लेखिका और वॉरेन बफ़ेट की निवेश तकनीकों पर सबसे ज़्यादा लोकप्रिय वक्ताओं में से एक हैं। डेविड क्लार्क बफ़ेटोलॉजी विषय पर अंतरराष्ट्रीय स्तर पर मान्यता प्राप्त विशेषज्ञ और ओमाहा, नेब्रास्का में एक निजी निवेश समूह के प्रबंध भागीदार हैं। इन दोनों ने मिलकर वॉरेन बफ़ेट की निवेश तकनीकों पर चार बेस्टसेलिंग किताबें लिखी हैं। उनकी किताबें द *ताओ ऑफ़ वॉरेन बफ़ेट*, द *न्यू बफ़ेटोलॉजी*, द *बफ़ेटोलॉजी वर्कबुक*, और *बफ़ेटोलॉजी* चीनी, रूसी, हिब्रू तथा अरबी सहित दुनिया की सत्रह से अधिक भाषाओं में प्रकाशित हो चुकी हैं।

अनुवादक के बारे में

डॉ. सुधीर दीक्षित ने 225 से अधिक विभिन्न प्रकार की पुस्तकों का अनुवाद किया है, जिनमें *हैरी पॉटर सीरीज़*, *द सीक्रेट*, *रिच डैड पुअर डैड*, *7 हैबिट्स ऑफ़ हाइली इफ़ेक्टिव पीपल*, *हाउ टु विन फ्रेंड्स*, *द पावर ऑफ़ पॉजिटिव थिंकिंग*, *द पावर ऑफ़ योर सबकॉन्शस माइंड* और *थिंक ऐंड ग्रो रिच* जैसी कालजयी पुस्तकें शामिल हैं।

उन्होंने मशहूर बेस्टसेलर 'टाइम मैनेजमेंट' सहित 7 मौलिक पुस्तकें लिखी हैं तथा उनकी पुस्तकों का अन्य भाषाओं में अनुवाद भी हो चुका है। डॉ. दीक्षित ने पीएससी (प्रोफ़ेसर) परीक्षा में अँग्रेज़ी साहित्य की प्रावीण्य सूची में प्रथम स्थान अर्जित किया था। वर्तमान में वे शासकीय नर्मदा महाविद्यालय, नर्मदापुरम (म.प्र.) में अँग्रेज़ी साहित्य के प्रोफ़ेसर हैं। उनसे sdixit123@gmail.com पर ईमेल द्वारा संपर्क किया जा सकता है।